¿QUIÉN ES EL MEJOR DE TODOS LOS TIEMPOS?

Para nuestra directora de fútbol: Daisy Jellicoe
M. O. y S. B.

Algunos futbolistas mencionados en este libro siguen jugando y marcando goles.
Todas las estadísticas corresponden a marzo de 2025.

Avda. Diagonal, 662-664, 08034 Barcelona (España)
www.planetadelibrosinfantilyjuvenil.com
www.planetadelibros.com
infoinfantilyjuvenil@planeta.es
Primera edición: junio de 2026
ISBN: 978-84-08-30248-3
Depósito legal: B. 24.914-2026
Impreso en España

El papel de este libro procede de bosques gestionados
de forma sostenible y de fuentes controladas.

LOS GOAT DEL FÚTBOL

PELÉ VS. MARADONA

MATT OLDFIELD

SETH BURKETT

PJ

ÍNDICE

MEDIA PARTE

ESTADÍSTICAS

INCIDENCIA

PRÓRROGA

AT DEL FÚTBOL PEL
DONA LOS GOAT DEL
PELÉ VS. MARADONA
AT DEL FÚTBOL PEL
DONA LOS GOAT DEL
PELÉ VS. MARADONA
AT DEL FÚTBOL PEL
DONA LOS GOAT DEL
PELÉ VS. MARADONA
AT DEL FÚTBOL PEL
DONA LOS GOAT DEL
PELÉ VS. MARADONA
AT DEL FÚTBOL PEL
DONA LOS GOAT DEL
PELÉ VS. MARADONA
DEL FÚTBOL PELÉ VS

SAQUE INICIAL

¿QUÉ ES UN GOAT DEL FÚTBOL?

Matt

Seth

Hola, somos Matt y Seth, y os traemos otra batalla épica por el GOAT del fútbol repleta de cientos de datos, horas de diversión y un buen montón de discusiones.

Matt
Discutamos con calma, con ingenio y con clase.

Seth
Bueno, más o menos.

Matt
Sí, más o menos... No, espera. ¡No podemos estar de acuerdo ya! Mmm... No estoy de acuerdo... ¡Estás equivocado y también están equivocadas todas tus opiniones sobre fútbol!

Seth
¡Vaya, qué maduro! Sigamos, ¿vale?

Matt
Sí, buena idea.

Seth
¡Ajá, te pillé: he hecho que estés de acuerdo conmigo!

Matt
¡Nooooooooooo!

Hasta ahora, hemos disfrutado con la mayor batalla futbolística reciente (Messi y Ronaldo), y hemos analizado lo que nos puede deparar el futuro más inmediato (Mbappé y Haaland). Es el momento de poner la A y la T en GOAT:

GREATEST OF ALL TIME.

Así es. Vamos a viajar en el tiempo hasta el período comprendido entre 1956 y 1997, y a Sudamérica, cuando dos auténticas leyendas del fútbol destrozaban a los defensas en cada partido.

Pero no penséis que esto va a ser una lección de historia aburrida y polvorienta. ¡En absoluto! Estos dos jugadores legendarios contribuyeron a convertir el fútbol moderno en un juego bonito y admirable.

¡PELÉ Y MARADONA!

PELÉ

NOMBRE	Edson Arantes do Nascimento
FECHA DE NACIMIENTO	23 de octubre de 1940
LUGAR DE NACIMIENTO	Três Corações, Brasil
AÑOS COMO PROFESIONAL	1956-77
DEMARCACIÓN	Delantero centro / segundo delantero
NÚMERO	10
CLUBES	· Santos (1956-74) · New York Cosmos (1975-77)
APODOS	Pelé · *O Rei* (el Rey)

DIEGO MARADONA

NOMBRE	Diego Armando Maradona
FECHA DE NACIMIENTO	30 de octubre de 1960
LUGAR DE NACIMIENTO	Lanús, Argentina
AÑOS COMO PROFESIONAL	1976-97
DEMARCACIÓN	Centrocampista ofensivo / segundo delantero
NÚMERO	10
CLUBES	· Argentinos Juniors (1976-81) · Boca Juniors (1981-82) · FC Barcelona (1982-84) · Nápoles (1984-91) · Sevilla (1992-93) · Newell's Old Boys (1993-94) · Boca Juniors (1995-97)
APODOS	El Pibe de Oro · El Pelusa (por su abundante melena) · *D10S*

Perfecto, ¡que empiece el partido! ¿Quién es el número uno, el mejor de los mejores, el indiscutible GOAT del fútbol?

Seth
No hay nada que discutir.
Sin duda, es Pelé.

Matt
Sabía que ibas a ser aburrido y a decir eso. Pelé no es el mejor solo porque viviste un tiempo en Brasil.

Seth
¡Lo llaman «el Rey»! ¡Venga!
¡No te ponen un apodo así porque sí!

Matt
No, te lo ponen por ser un buenazo y marcar cientos de goles fáciles contra equipos fáciles. ¡Aburrido!

Seth
Oye, si ser muy bueno durante muchísimo tiempo es aburrido, quizá Maradona debería haber sido un poco más aburrido.

Matt
¿Coincides conmigo en que estamos en desacuerdo?

Seth
O… ¿podríamos simplemente presentar nuestros argumentos como adultos, con hechos y estadísticas que los respalden?

Matt
¿Quieres decir que nos pongamos con el libro de una vez? Pues supongo que sí.

La verdad es que este tema de discusión es bastante común entre aficionados e incluso entre los propios jugadores de fútbol. Por eso, este libro pretende ayudar a aclararlo. Haremos una minuciosa comparativa entre Pelé y Maradona, enfrentándolos cara a cara a partir de una serie de cualidades. Veamos con más detalle las categorías en cuestión…

¿QUÉ CUALIDADES CARACTERIZAN A UN GOAT?

SU CARÁCTER
Examinaremos el aspecto mental del juego: personalidad, mentalidad y liderazgo.

SUS HABILIDADES
Estudiaremos todas las habilidades futbolísticas: físicas, técnicas y tácticas. Y, luego, haremos la pausa de la media parte.

SUS ESTADÍSTICAS
A continuación, analizaremos los números: los goles, las asistencias, los premios individuales y los trofeos en equipo.

SU INCIDENCIA
Por último, veremos el panorama general: cómo nuestros GOAT han influido en sus clubes, en sus selecciones y en el deporte rey.

¿Y quién sabe lo que puede pasar en la prórroga? Emocionante, ¿verdad? Pero, antes de que empiece la contienda, es hora de que conozcamos los orígenes y los primeros pasos en el fútbol de nuestros GOAT…

LOS ORÍGENES DE PELÉ

Edson nació en 1940, en Três Corações, una ciudad del sur de Brasil donde su familia vivía en la pobreza. Ser negro en Brasil era difícil por el racismo y por la discriminación, pero el padre de Edson tenía grandes planes para su hijo. Cuando vio por primera vez las pequeñas y ágiles piernas de su hijo nada más nacer, supo que llegaría a ser un gran futbolista.

Y resultó ser una gran predicción…

¿Sabías que…? Edson recibió su nombre por Thomas Edison, el inventor de la bombilla, porque, cuando nació, la electricidad acababa de llegar a la ciudad. Aunque le gustaba su nombre, su familia pronto lo comenzó a llamar Dico, mientras que sus amigos lo apodaron… ¡Pelé!

Con cuatro años, Pelé se mudó con su familia a Bauru, una nueva ciudad donde comenzó su trayectoria futbolística. Jugaba descalzo en las calles, con zapatos rotos que hacían las veces de postes y con un calcetín relleno de trapos como balón. Disfrutaba cada minuto y, cuanto más jugaba, más habilidoso se volvía. Por lo tanto, cuando Pelé cumplió nueve años y Brasil sufrió la sorprendente derrota ante Uruguay en la final del Mundial de 1950, le hizo una promesa a su desolado padre: «No te preocupes, yo ganaré un Mundial para ti».

Para entonces, Pelé y sus amigos ya habían formado su propio equipo de fútbol, el Sete de Setembro, que rápidamente se convirtió en uno de los mejores de la zona. ¿Y su máximo goleador? ¡Pelé, por supuesto!

Con catorce años, fichó por un nuevo equipo juvenil, el Baquinho, y, en su primera temporada, Pelé marcó 148 goles en solo 33 partidos. Mientras tanto, también destacaba en el fútbol sala, un deporte muy popular en Brasil, similar al fútbol, pero que se juega en un campo mucho más reducido, con un balón más pequeño y pesado. Esto le ayudó a mejorar sus habilidades y la capacidad de pensar con rapidez.

Cuando cumplió quince años, Pelé tuvo que tomar una gran decisión. Muchos de los mejores clubes de

Brasil se encontraban en Río de Janeiro, pero ¿estaba listo para mudarse a una ciudad tan grande y compleja? No; quizá sería mejor un lugar algo más pequeño y tranquilo, como la ciudad de… Santos.

El club Santos le ofreció hacer una prueba. Así, emprendió su primera aventura futbolística. Nada más llegar, entrenó con profesionales experimentados, pero el joven Pelé demostró que no le tenía miedo a nada. Su talento especial brilló enseguida, y el Santos le pidió que se quedara.

¿Sabías que...? El primer sueño de Pelé no era hacerse famoso como futbolista, sino que quería ser piloto porque le encantaban los aviones.

Al ser un adolescente pequeño y delgado, empezó jugando en las categorías juveniles, pero, con una buena alimentación y un entrenamiento profesional, Pelé creció deprisa, se fortaleció y mejoró aún más. Pasó de ser suplente a debutar con el primer equipo del Santos en septiembre de 1956, con apenas quince años, y ¡marcó su primer gol en su debut!

A los dieciséis años, Pelé se convirtió en titular habitual del Santos y en el goleador más joven de la historia de Brasil. ¿Y qué pasó poco después? Se subió a un avión rumbo a Suecia para disputar el Mundial de 1958.

Fue convocado pese a la opinión de João Carvalhae, el psicólogo del equipo, que describió la personalidad de Pelé como «infantil». Sin embargo, por suerte para Brasil, el entrenador Vicente Feola le respondió: «No sabes nada de fútbol. El chico viene con nosotros».

Pelé permaneció en el banquillo durante los dos primeros partidos de Brasil, pero, cuando tuvo la oportunidad de jugar, ¡causó una gran impresión…!

MOMENTO ESTELAR DE PELÉ

BRASIL 1 | 0 GALES

19 DE JUNIO DE 1958
ESTADIO ULLEVI, GOTEMBURGO

Pelé formó parte del once inicial de Brasil en el partido de cuartos contra Gales, con muchas ganas de dejar su impronta.

Con el marcador aún 0-0 en el minuto 65, Pelé controló el balón con el pecho y lo elevó por encima de un defensa con elegancia. Cuando la pelota botó, Pelé remató con una volea al ángulo inferior. ¡Gol! Brasil aguantó y ganó el partido.

Pelé saltó de alegría, y todo Brasil también, porque, gracias a esa joven superestrella, ¡estaban otra vez en las semifinales de un Mundial! ■

Comenzaba el reinado del Rey. El resto forma parte de la historia del fútbol…

CRONOLOGÍA DE LA CARRERA DE PELÉ

- 1958 Diez días después del partido contra Gales, Pelé gana su primer Mundial con Brasil, anotando dos goles en la final.

- 1961 Marca el Gol de Placa para el Santos contra el Fluminense, ¡un gol tan excepcional que pusieron una placa para conmemorarlo!

- 1962 En su segundo Mundial, Pelé se lesiona en el segundo partido, pero, aún así, Brasil gana el trofeo. Regresa a Brasil para llevar al Santos a la gloria en la Copa Libertadores (la versión sudamericana de la Champions League) y, luego, en la Copa Intercontinental (el mejor club de Sudamérica contra el mejor de Europa).

- 1969 Con veintinueve años, Pelé marca el gol número mil de su carrera en un partido entre el Santos y el Vasco da Gama.

- 1970 Justo cuando todo el mundo dice que está acabado, Pelé marca el primer gol en la final del Mundial y levanta el trofeo por tercera vez.

- 1971 Tras 77 goles en 92 partidos internacionales, Pelé se retira del fútbol internacional a los treinta años de edad.

- 1975 A nivel de clubes, Pelé finalmente deja el Santos para fichar por el club estadounidense New York Cosmos.

- 1977 Pelé ayuda al Cosmos a ganar la Soccer Bowl, y, tras un último partido de despedida contra el Santos, se retira del fútbol a los treinta y seis años de edad.

- 1995 Pelé es nombrado Ministro de Deportes de Brasil.

- 2022 El Rey fallece a los ochenta y dos años.

LOS ORÍGENES DE MARADONA

Diego nació en 1960 en Villa Fiorito, una zona muy pobre del área metropolitana al sur de la capital de Argentina, la Ciudad Autónoma de Buenos Aires. Allí vivía con sus padres y con siete hermanos en una casa pequeña sin electricidad ni agua corriente, pero era feliz siempre que tenía un balón en los pies. En realidad, a falta de balón, se conformaba con cualquier cosa redonda. A Diego no le importaba con qué practicar durante horas, día tras día: naranjas, periódicos arrugados, trapos enrollados e incluso una bolsa llena de envoltorios de galletas. ¡Ya era un mago del fútbol que podía controlar cualquier cosa!

Las primeras experiencias de Diego fueron en los potreros locales (campos polvorientos de tierra) con otros niños de Villa Fiorito. Ese tipo de partidos moldearon su estilo. «Tenía la libertad de jugar como quería, cosa que a los niños de las ciudades de hoy en día les resulta difícil. Teníamos el espacio… para jugar como queríamos», explicó Maradona años después.

A los ocho años de edad, un amigo de Diego lo llevó a una prueba en un nuevo equipo juvenil conocido como los Cebollitas. El entrenador quedó tan impresionado por el talento especial del joven que lo fichó de inmediato, con el consentimiento de la madre de Diego.

¿Sabías que...? Diego empezó jugando de líbero porque quería tener el balón tanto como fuera posible para construir el juego desde atrás. Sin embargo, no duró mucho en la defensa. ¡Su equipo lo necesitaba más arriba, desplegando su característica magia en el ataque!

Gracias a su nuevo fichaje, Los Cebollitas encadenaron 136 partidos sin perder, y Diego se hizo conocido como el Niño de Oro.

A los diez años, invitaron al joven Diego a hacer una exhibición de habilidad en el descanso de un partido en el estadio de Argentinos Juniors, el equipo de primera división del club al que pertenecían los Cebollitas. Apenas cinco años después, firmó su primer contrato profesional con el club. El sueño futbolístico de Diego estaba a punto de hacerse realidad, y su familia por fin podría dejar atrás las penurias de Villa Fiorito.

¿Sabías que...? En su debut con el primer equipo, Diego se convirtió en el jugador más joven hasta entonces de la historia de la Primera División de Argentina (15 años y 355 días). ¿Y qué inventó en una de sus primeras intervenciones? ¡Le hizo un túnel a un rival!

Poco después de su decimosexto cumpleaños, Diego debutó con la selección absoluta de Argentina, pero su primer gran éxito internacional llegó, en realidad, en la Copa Mundial sub-20 de la FIFA 1979. Allí, Diego ganó el premio al Mejor Jugador tras marcar seis goles, incluido un tiro libre en la final, que llevó a Argentina a levantar el trofeo por primera vez. Pelé, que se había retirado dos años antes, en 1977, pasaba a la historia; ¡el fútbol tenía una nueva y emocionante superestrella sudamericana!

Para entonces, los clubes más grandes de Argentina y del extranjero estaban desesperados por ficharlo, pero Diego eligió mantenerse leal a Argentinos, donde jugaba cada vez mejor. Tras anotar 26 goles en 1979, metió 43 en 1980, entre los que se encuentran cuatro en un partido mágico e inolvidable...

MOMENTO ESTELAR DE MARADONA

ARGENTINOS JUNIORS 5 | 3 BOCA JUNIORS

9 DE NOVIEMBRE DE 1980
ESTADIO JOSÉ AMALFITANI, CIUDAD DE BUENOS AIRES

Antes de ese partido, el guardameta de Boca, Hugo Gatti, había llamado «gordito» a Diego: ¡un gran error! Eso solo hizo que Maradona, que ya era el capitán de Argentinos Juniors con veinte años, estuviera aún más decidido a llevar a su equipo a la victoria.

Marcó su primer gol desde el punto de penalti tras una rabona (una de las originales formas de chutar de Diego, en la que la pierna que golpea la pelota se cruza por detrás de la otra), cuyo disparo rebotó en el brazo de un defensa. Su segundo gol fue un tiro libre ingenioso y rápido que sorprendió a Gatti al trazar una curva hacia la escuadra.

Maradona completó su *hat-trick* con un precioso globo sobre el portero, y tuvo tiempo para sumar un cuarto tanto con otro tiro libre. ¡Una actuación digna de una superestrella que acalló cualquier ofensa! ■

CRONOLOGÍA DE LA CARRERA DE MARADONA

- 1981 Diego se incorpora a Boca Juniors, uno de los clubes más grandes de Argentina, donde gana el título de liga en su única temporada con el equipo.

- 1982 Tras disputar con Argentina su primer Mundial, Maradona ficha por el FC Barcelona por una cifra récord mundial de 7,2 millones de euros.

- 1983 El FC Barcelona gana la Copa del Rey y Diego marca un golazo en el clásico contra el Real Madrid.

- 1984 Después de solo dos años en España, Maradona se traslada a Italia para fichar por el Nápoles.

- 1986 Diego conduce a Argentina hacia la gloria en la Copa Mundial de México con cinco goles (incluyendo los dos contra Inglaterra que pasaron a la historia) y cinco asistencias.

- 1987 Ayuda al Nápoles a ganar el título de la liga italiana por primera vez en su historia.

- 1990 Semanas después de conseguir el segundo *scudetto* para el Nápoles, Maradona inspira a una Argentina poco brillante para llegar de nuevo a la final de un Mundial, donde pierde ante Alemania Occidental.

- 1997 Tras dos breves etapas, primero en España con el Sevilla y, luego, de nuevo en Argentina con el Newell's Old Boys y con Boca Juniors, Diego se retira del fútbol.

- 2010 Como entrenador de Argentina, lleva a su país a los cuartos de final de la Copa Mundial, donde caen derrotados ante Alemania.

- 2020 Maradona fallece a los sesenta años de edad.

Así fue como nuestros dos GOAT ascendieron desde unos humildes orígenes en Sudamérica hasta la cima. Pero, ahora, vamos a descubrir (redoble de tambores)... quién de ellos es el GOAT legendario del fútbol.

Sin embargo, antes de empezar la contienda, tenemos que recordar una regla básica. En esta batalla por el GOAT, no habrá peleas ni información que no se haya contrastado. ¡Aunque sí mucha diversión!

¡Así es! Vamos a respetar las opiniones de los demás, a defender a nuestro GOAT y a echarnos algunas risas (o muchas) por el camino.

Matt
Solo me reiré si dices algo gracioso.

Seth
Se me ocurre el chiste perfecto...

Matt
Venga, dilo.

Seth
¡Cualquiera de tus opiniones sobre fútbol es un chiste!

Matt
Ja, ja, muy gracioso. ¿Por qué no dejamos que el lector decida?

Seth
De acuerdo. ¿Empezamos entonces?

RETROSPECTIVA

¡Espera! Primero tenemos que retroceder 70 años, hasta mediados del siglo xx. Era una época sin retransmisiones deportivas, sin el omnipresente VAR (videoasistencia arbitral) y sin entrenamientos de alto rendimiento. Cuando estos GOAT jugaban como profesionales (1956-97), el fútbol era muy diferente.

QUÉ DICEN SUS CRÍTICOS

«El fútbol era mucho más fácil en la época de Pelé y Maradona. Los partidos eran muy lentos, y los equipos, desordenados».

¡ERROR!

- El juego no era tan rápido porque muy pocos jugadores comprendían la importancia de la preparación física.
- La ciencia del deporte apenas existía.
- El entrenamiento no estaba tan desarrollado. La mayoría de los equipos defendían con marcajes individuales (al hombre) en lugar de valerse de sistemas estructurados y más eficientes.

Sin embargo, en muchos sentidos, el fútbol era, en realidad, mucho más difícil… Pasa la página para entender a qué nos referimos.

ENCUENTRA LAS DIFERENCIAS

EL FUTBOLISTA DE ANTES (1966)

¿Podrías encontrar siete diferencias entre el fútbol actual y el de antes? Las respuestas están en la página siguiente.

EL FUTBOLISTA DE AHORA

¿LO HAS ENCONTRADO?

Faltas: Hoy en día, los jugadores habilidosos están protegidos por las reglas del juego. Pero, en el pasado, los defensas podían hacer duras entradas por detrás.

Retransmisiones: Antes, no todos los partidos se televisaban; ¡ni siquiera los resúmenes!

Equipación: En la actualidad, la ropa es de poliéster transpirable para que sea ligera y fresca, a diferencia del pesado y poco transpirable algodón de antes. Los porteros ahora llevan guantes.

VAR (videoasistencia arbitral): ¿El árbitro ha cometido un error? Hoy en día, se puede revisar la jugada con el VAR. Antes, ¡no había forma de rectificar!

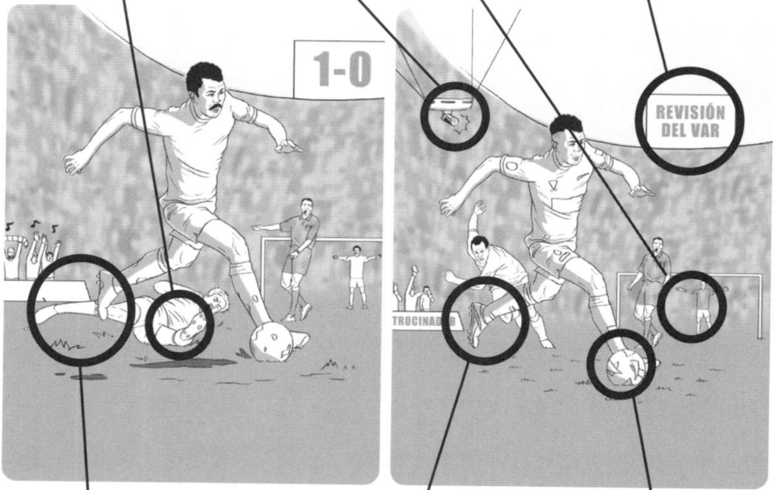

Campo: Los campos de fútbol modernos replantan el césped al menos dos veces al año para evitar las irregularidades, ¡a diferencia de los lodazales del siglo pasado! En la actualidad, también hay anuncios por todo el perímetro del campo.

Botas de fútbol: El calzado técnico moderno pesa alrededor de 200 g y se fabrica con materiales que facilitan el control del balón y el disparo, mientras que las botas antiguas pesaban el doble ¡y no siempre eran impermeables!

La pelota: Hoy en día, es completamente impermeable y ligera, y está equipada con sensores que registran cada uno de sus movimientos, ¡algo inimaginable en el pasado!

Para más diferencias entre «ANTES Y AHORA», consulta los recuadros correspondientes a lo largo del libro. Pero, por ahora, ¡comencemos la contienda por el GOAT!

CARÁCTER

¿QUÉ ES EL CARÁCTER?

Ahora que entendemos un poco mejor cómo era jugar al fútbol en la época de Pelé y de Maradona, empecemos por echar un vistazo más de cerca a cómo eran estos jugadores como personas, tanto dentro como fuera del campo.

¿Por qué? Bueno, el carácter es tan importante como la habilidad. Puedes tener la pierna derecha de Pelé o la izquierda de Maradona, pero, si no puedes rendir al máximo bajo presión, delante de miles de personas, ¡olvídate! Para alcanzar la categoría de GOAT, necesitas demostrar un carácter especial.

En esta sección, trataremos las siguientes facetas:

LA PERSONALIDAD
Veremos cómo Pelé y Maradona sacan lo mejor de sus respectivas personalidades.

LA MENTALIDAD
Estudiaremos sus mentalidades (formas de pensar) y cómo han ido superando todos los retos que se han presentado a lo largo de sus carreras.

EL LIDERAZGO
Terminaremos analizando cómo ejercen su liderazgo e inspiran a las personas que los rodean.

PERSONALIDAD

Por lo que se refiere a la personalidad, Pelé y Maradona tenían algunas cosas en común:

- La convicción de valerse del fútbol como un camino hacia una vida mejor para ellos y para sus familias.
- Una forma engreída de hablar de sí mismos en tercera persona: «Pelé era mejor que todos…», solía afirmar el mismo Pelé. «Eso es lo más importante que Maradona puede tener…», decía Diego de sí mismo.
- Una feroz ambición por conquistar el mundo del fútbol.

Sin embargo, en la mayoría de los demás aspectos, eran completamente opuestos, y eso es lo que hace que discutir sobre estos GOAT sea tan entretenido.

PELÉ

Además de ser uno de los máximos goleadores de la historia del fútbol, si no el mayor (¡lo siento, Cristiano!), el Rey también es recordado como un modelo a seguir. ¿Por qué? Aquí tienes tres razones:

JUGABA CON DEPORTIVIDAD...

Pelé jugaba con confianza y habilidad, pero siempre mostró respeto por sus oponentes. Incluso cuando algunos defensas le daban patadas durante todo el partido, rara vez perdía la calma. En cambio, prefería dejar que sus goles hablaran por él.

De hecho, Pelé fue siempre muy respetuoso dentro y fuera del terreno de juego. A pesar de ser una superestrella mundial, siempre respondía todas las preguntas que le hacían, estrechaba la mano a todo el mundo y firmaba autógrafos con una gran sonrisa y con buena actitud.

En una de las imágenes más icónicas de Pelé, no aparece marcando un gol para Brasil, sino intercambiando camisetas y abrazos con su rival, el capitán de Inglaterra Bobby Moore, en el Mundial de 1970, tras una feroz batalla en el campo.

... PERO TAMBIÉN ERA MUY COMPETITIVO

QUÉ DICEN SUS CRÍTICOS

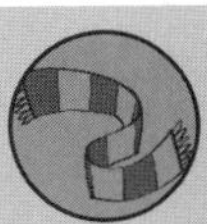

«Vale. Pelé era un buen tipo, ¡pero los chicos buenos son aburridos!»

¡ERROR!

No te dejes engañar por las palabras amables y los intercambios de camisetas; en el campo, Pelé estaba concentrado al ciento por ciento en ganar cada partido que jugaba. Odiaba perder en cualquier ámbito.

Y, a pesar de lo que diga la gente, no era un ángel con una camiseta de fútbol. Pelé fue expulsado dos veces durante su carrera. En ambas ocasiones, discutió con el árbitro. Como él mismo dijo: «cuando los jugadores eran violentos conmigo, siempre me defendía».

TRABAJABA CON DEDICACIÓN

Por supuesto, a Pelé le gustaba relajarse y reírse, pero le encantaba el fútbol y siempre era lo prioritario para él. En una época en la que el estilo de vida de la mayoría de los jugadores distaba mucho de ser tan profesional como hoy, él entendía la importancia de mantenerse en forma y concentrado. No fumaba ni bebía alcohol, y siempre entrenaba duro. «Cuando los demás jugadores iban a la playa después del entrenamiento, yo estaba allí chutando el balón», dijo Pelé en una ocasión. Le encantaba ser futbolista. ¿Y qué hizo cuando Brasil ganó su primer Mundial en 1958 tras marcar dos goles en la final? ¡Se fue a la cama temprano! Al menos, eso es lo que él cuenta...

Los números también muestran que Pelé trabajó más duro que nadie en la historia del fútbol. En el verano de 1959, por ejemplo, jugó con el Santos 22 partidos en solo 43 días, ¡en ocho países diferentes de Europa! Y los futbolistas modernos se quejan de jugar dos veces por semana...

> «Nunca me olvidé de mis orígenes ni de todo lo que había aprendido en casa... Debía ser siempre humilde, y debía trabajar duro, completamente dedicado a lo que hacía».
>
> PELÉ

MARADONA

Además de ser el regateador más dotado del fútbol (¡lo siento, Leo!), Maradona también es recordado como el rebelde más (tristemente) célebre del fútbol. ¿Por qué? Aquí tienes tres motivos:

ERA APASIONADO

Maradona llevaba el corazón en la manga de la camiseta, justo al lado del brazalete de capitán. Lloraba lágrimas de alegría cuando su equipo ganaba, y lágrimas de tristeza cuando perdía. Explotaba de ira siempre que sentía que lo trataban con injusticia, ¡algo que sucedió bastante a menudo!

En el terreno de juego, la pasión de Maradona en ocasiones lo traicionó (le ganó a Pelé 8-2 por lo que se refiere a expulsiones durante toda su carrera), pero, la mayoría de las veces, su pasión lo motivaba para seguir trabajando y para alcanzar sus metas. «Cuando entrenaba, era como un animal salvaje», reconoció ante su amigo Fernando García. Y esa dedicación absoluta la tenía tanto con su club como con la selección. Por eso, una vez, jugó cinco partidos en quince días: tres en Italia con el Nápoles y dos en Argentina con la selección.

ERA ASTUTO

QUÉ DICEN SUS CRÍTICOS

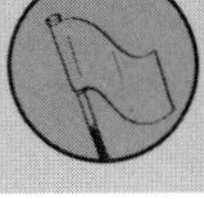

«¡Maradona era, simple y llanamente, un tramposo!»

¡ERROR!

Muy bien, aficionados ingleses: ha llegado el momento que todos estabais esperando. Es hora de hablar de…

SAQUE INICIAL
CARÁCTER
HABILIDADES
MEDIA PARTE
ESTADÍSTICAS
INCIDENCIA
PRÓRROGA

ARGENTINA 2 | 1 INGLATERRA

22 DE JUNIO DE 1986
ESTADIO AZTECA, CIUDAD DE MÉXICO

Argentina empataba a cero en los cuartos de final de la Copa Mundial 1986 y Maradona estaba decidido a no rendirse.

Estaba tan decidido que, al saltar a por un balón junto al portero inglés Peter Shilton, utilizó con disimulo su mano izquierda en lugar de la cabeza para enviar el balón al fondo de la red. Maradona fue enseguida a buscar a sus compañeros para celebrarlo. ¡1-0 para Argentina!

A pesar de las furiosas protestas de los defensas ingleses, el árbitro estaba convencido. El gol subió al marcador y Maradona se convirtió en el enemigo número uno de Inglaterra.

Cuatro minutos después, marcó de nuevo: una obra maestra que pasó a la historia del fútbol como el Gol del Siglo, pero eso lo veremos más adelante… ■

Sí, Maradona marcó un gol muy famoso con la mano, y detuvo otro con el brazo contra la Unión Soviética en 1990, pero «tramposo» no es ciertamente la palabra que los argentinos utilizarían para describirlo. ¡«Dios» o «genio» es más apropiado para ellos! En el fútbol sudamericano, se considera que encontrar cualquier manera posible de ganar es una actitud astuta e inteligente, más que deshonesta o vergonzosa. Como dice el periodista argentino Ezequiel Fernández Moores: «Consideramos la picardía como una parte natural del fútbol. El fútbol es un juego de pícaros».

ERA DIVERTIDO

Además de estar desesperado por ganar, Maradona también nació para entretener...

- Fuera del campo, con sus bromas y con sus actuaciones de malabarismo con el balón
- En el terreno de juego, con sus rabonas y con sus túneles
- Y, lo mejor de todo, ¡el espectáculo durante el calentamiento previo a los partidos!

En 1989, antes de la gran semifinal de la Copa de la UEFA entre el Nápoles y el Bayern Múnich, Maradona escuchó una canción que le gustaba y no pudo contenerse. Empezó a mostrar sus habilidades con el balón al público, ¡mientras bailaba al ritmo de la música!

De joven, la personalidad de Maradona lo convirtió en un compañero de equipo muy querido, sobre todo a partir de 1986, cuando Argentina ganó la Copa Mundial. Más tarde, sin embargo, a medida que aumentó la presión por haberse convertido en el futbolista más famoso del mundo, su lado impredecible y salvaje se descontroló. Las habituales fiestas derivaron en problemas con las drogas. Tras recibir una suspensión de 15 meses por dar positivo en un control en 1991, dio otro positivo en la Copa Mundial 1994, lo que puso fin a su carrera internacional.

«Soy Diego Maradona, el que hace goles y el que comete errores».
MARADONA

¿QUIÉN GANA?

Deportista frente a visceral. Competitivo frente a ingenioso. Dedicado frente a divertido. **El modelo a seguir frente al rebelde.** Como ves, Pelé y Maradona tenían personalidades muy diferentes, pero ¡eso no hace a uno mejor que el otro! Ambos supieron sacar lo mejor de sí mismos sobre el terreno de juego.

Sin embargo, nuestros GOAT no son tan diferentes en otros aspectos. De hecho, cuando se trata de la mentalidad, son bastante parecidos…

MENTALIDAD

Aunque nuestros GOAT legendarios disfrutaron de un éxito increíble durante sus carreras, también vivieron decepciones y fracasos por el camino. A pesar de los apodos y de los vídeos de sus mejores jugadas que abarrotan YouTube, no eran reyes ni dioses, sino humanos como todos nosotros. Pelé y Maradona vivieron y padecieron de todo:

- Terribles entradas
- Infortunios en las Copas Mundiales
- Personas que los cuestionaban y los denostaban.
- Disputas y presiones fuera del campo

Sin embargo, cada vez que algo salía mal, tuvieron la decisión y la entereza necesarias para seguir adelante y volverse más fuertes que antes.

> «Si quieres tener éxito, debes saber afrontar el desafío. En el deporte, como en la vida, hay derrotas y hay victorias».
>
> PELÉ

Analicemos sus mentalidades de acero en acción, empezando por Pelé en la Copa Mundial.

Mientras Pelé cojeaba abatido fuera del césped en Goodison Park (Inglaterra), la Copa Mundial 1966 había terminado tanto para él como para Brasil. Tras ganar varios torneos consecutivos, acababan de ser eliminados por Portugal en la fase de grupos.

En los días posteriores a la derrota, hubo una sorpresa aún mayor para los aficionados brasileños porque Pelé hizo un anuncio inesperado: «No tengo intención de jugar otra Copa Mundial porque no tengo suerte en los Mundiales».

> «NO TENGO SUERTE EN LOS MUNDIALES».
> PELÉ

¡¿Qué?! ¿«No tengo suerte»? ¡El Rey ya había levantado el trofeo dos veces y solo tenía 25 años! Pero Pelé no había tenido suerte en los dos últimos torneos. Cuando Brasil ganó la Copa Mundial 1962, él solo había jugado los dos primeros partidos antes de sufrir una lesión. Y, cuatro años después, en 1966, los contundentes defensas de Bulgaria y de Portugal lo dejaron cojeando otra vez. No era el fútbol bonito que él amaba, así que Pelé decidió que ya era suficiente. «Tardé un tiempo en recuperarme de las lesiones de 1966, tanto física como mentalmente», admitió más tarde.

Cuando se acercaba la siguiente Copa Mundial, Pelé fue sometido a una gran presión para que cambiara de opinión. Brasil necesitaba a su mejor jugador para alcanzar de nuevo la gloria.

Al final, Pelé aceptó jugar en México 1970. «Ese Mundial fue mi desafío personal», dijo años después. «Decidí que no iba a terminar mi carrera como un perdedor… sino que iba a retirarme en lo más alto».

Cuando Pelé llegó a México, algunas personas afirmaron que ya había pasado su mejor momento, pero, pronto, les demostró que estaban equivocados. Marcó un gol contra Checoslovaquia, dio una asistencia increíble contra Inglaterra y, luego, marcó dos goles contra Rumanía. ¡El Rey había vuelto imparable!

En las semifinales, Brasil perdía 0-1 ante Uruguay, pero Pelé se negó a rendirse. Aunque no marcó, inspiró la remontada de su equipo, que se impuso 3-1, con una impresionante actuación en la segunda mitad.

«FUE EL REGRESO DE SUPERMÁN».

VASCONCELOS, COMPAÑERO DE PELÉ EN EL SANTOS

Brasil llegó a la final del Mundial contra Italia, y Pelé aún tenía más que ofrecer. En el minuto 18, en el Estadio Azteca, Rivellino metió un centro en el área, y Pelé se elevó por encima de los defensas italianos para cabecear el balón hacia la esquina inferior. ¡GOL!

Al terminar el partido, Pelé fue llevado en hombros por los aficionados alrededor del campo. ¡Había logrado su objetivo! No solo había jugado todos los partidos, sino que había desempeñado un papel crucial para que Brasil ganara un tercer trofeo de la Copa Mundial.

Desde su momento más triste en Inglaterra en 1966, Pelé había resurgido para llevar a Brasil a la gloria en la Copa Mundial otra vez en 1970. Ese era ahora el mejor momento de su carrera. ■

MARADONA: EL NIÑO DE ORO QUE SE REPUSO UNA Y OTRA VEZ

Es difícil escoger un único ejemplo de la increíble mentalidad de Maradona, porque toda su vida fue una montaña rusa de altibajos.

QUÉ DICEN SUS CRÍTICOS

«¿Cómo se puede afirmar que Maradona tenía una mentalidad fuerte? ¡Pasó demasiado tiempo de fiesta en lugar de concentrarse en el fútbol!»

¡ERROR!

En la década de 1990, las luchas de Maradona con el peso de la fama y con la adicción a las drogas afectaron su rendimiento. Sin embargo, antes de eso, mostró una determinación feroz para triunfar en el terreno de juego. Más allá de lo que digan sus detractores, Maradona afrontó cada desafío y demostró que los que dudaban de él estaban equivocados. En lugar de hundirlo, los retos parecían impulsarlo a alcanzar cotas aún mayores:

- Después de quedarse fuera de la selección argentina para el Mundial de 1978, Maradona se recuperó y ganó el Mundial sub-20 un año después. ¡Y marcó un tiro libre en la final!

- Cuando fue expulsado contra Brasil y Argentina quedó eliminada del Mundial de 1982, Maradona no se rindió. Cuatro años después, regresó para que Argentina ganara el título.
- En 1983, Maradona se rompió el tobillo por una entrada terrible de Andoni *el Carnicero de Bilbao* Goikoetxea, pero se reincorporó en apenas tres meses y, en el siguiente partido que el Barça jugó contra el Athletic, ¡marcó los dos goles de la victoria por 2-1!
- Durante la tanda de penaltis del partido de cuartos de final del Mundial de 1990 contra Yugoslavia, Maradona falló un penalti, pero, en la ronda siguiente contra Italia, volvió a colocarse en el punto de penalti y marcó, acercando a su equipo a otra final mundialista.

Mmm... ¡Parece una mentalidad muy fuerte!

¿QUIÉN GANA?

Dos maestros del fútbol, dos mentalidades formidables. Como hemos visto, tanto Pelé como Maradona demostraron una increíble capacidad para recuperarse de grandes reveses. Ahora queda un último aspecto que debemos considerar antes de tomar una decisión sobre el GOAT del carácter: el liderazgo.

LIDERAZGO

Poder liderar e inspirar a los demás es una cualidad necesaria para ser un GOAT. Cuanto más unidos y motivados estén tus compañeros, más probabilidades hay de que jueguen bien. Ni siquiera las superestrellas de clase mundial pueden ganar trofeos por sí solas. ¿Qué tipo de líderes eran Pelé y Maradona?

PELÉ: UN LÍDER SIN BRAZALETE

QUÉ DICEN SUS CRÍTICOS

«No puedes considerar a Pelé un líder. ¡Ni siquiera fue el capitán de su equipo!»

¡ERROR!

No todos los héroes llevan capa; no todos los capitanes llevan brazalete.

ANTES Y AHORA

El capitán de Brasil solo empezó a llevar el brazalete a partir de la Copa Mundial 1974, cuando Pelé ya se había retirado del fútbol internacional.

Es cierto que Pelé eligió no ser el capitán de su club ni de la selección, pero no fue porque tuviera miedo o porque no quisiese asumir una responsabilidad adicional. Fue porque ya se sentía como un líder.

«Ya tenía el respeto de los jugadores y del público, así como la atención del árbitro. Con otra persona llevando el brazalete, lográbamos tener dos jugadores con autoridad en el equipo», declaró.

Tiene sentido, ¿no? Además, Pelé prefería liderar con el ejemplo, con sus goles más que con palabras, por lo que era útil tener a un defensa escandaloso que diera los gritos por él.

Sin embargo, tanto dentro como fuera del campo, el carácter de Pelé siempre fue determinante en el seno del plantel de Brasil, sobre todo porque era uno de los jugadores con más experiencia en Mundiales:

- Cuando se lesionó en la Copa Mundial 1962, se quedó en Chile para apoyar al equipo desde la grada. Después de que su sustituto, Amarildo, marcara un gol en la final, Pelé estaba tan feliz por él que corrió a la ducha para abrazarlo ¡completamente vestido bajo el agua!
- En la Copa Mundial 1966, Pelé volvió a jugar en el último partido de grupo de Brasil contra Portugal, a pesar de no estar completamente en forma, porque su equipo necesitaba ganar.

- En el torneo de 1970, cuando Brasil encajó el 0-1 ante Uruguay, Pelé fue a buscar el balón al fondo de la red y lo llevó con determinación hasta la línea de medio campo mientras animaba a sus compañeros. «Él siempre nos levantaba el ánimo. Y nos dio lo necesario para ser gigantes como él», afirmó Jairzinho tras el partido.

¡Nos parece un gran líder, con brazalete o sin él!

MARADONA: UN REBELDE CON BRAZALETE

Valiente, leal, encantador, apasionado. Con una personalidad así, Maradona nació para ser líder. En 1979, a los dieciocho años de edad, guio a Argentina hacia el triunfo en la Copa Mundial de Fútbol sub-20 en Japón. A los veinte años, ya llevaba el brazalete en su primer club, Argentinos Juniors, y, a los veintitrés, se convirtió en el capitán de la selección absoluta...

EL LÍDER DE ARGENTINA PARA ALCANZAR LA GLORIA

Tras una actuación bastante decepcionante en la Copa Mundial 1982, Argentina quería hacerlo mejor en 1986 y, si era posible, ganar. ¿Cómo? Pues, en primer lugar, contrataron a un nuevo seleccionador, Carlos Bilardo, quien decidió nombrar a un capitán audaz: ¡Maradona!

Eso supuso quitarle el brazalete a Daniel Passarella, el veterano defensa ganador de un Mundial, al que los aficionados llamaban Gran Capitán, para dárselo al joven Maradona, que en 1982 había sido expulsado en un partido contra Brasil. ¿Era realmente una buena idea?

Cuando llegaron a México para jugar el Mundial, la plantilla argentina tenía opiniones divididas sobre Maradona, pero él fue inteligente y se dio cuenta de que debía reinar la armonía, al menos durante un mes. «Tenemos que salir campeones del mundo, y, luego, ya veremos», les dijo Maradona a sus compañeros.

Hay capitanes que lideran con el ejemplo, otros que prefieren inspirar con palabras y algunos que intentan que todo el mundo se sienta feliz y relajado. Maradona optó por una mezcla de las tres cosas, y funcionó a la perfección.

Aunque el resto de la selección no estaba a su nivel (¡sin ánimo de ofender!), Maradona se aseguró de que nunca se sintieran como eslabones débiles.

«NUNCA NOS GRITÓ. ENTENDÍA QUE PODÍAMOS EQUIVOCARNOS, QUE NO TENÍAMOS LA CAPACIDAD QUE ÉL TENÍA. NUNCA NOS FALTÓ AL RESPETO».

HÉCTOR ENRIQUE, CENTROCAMPISTA

Fuera del campo, Maradona se esforzó para que hubiera siempre un ambiente divertido y relajado, pero, en el césped, mostraba su lado más serio. Fue el centro de todo para Argentina. Incluso cuando los defensas lo derribaban, mantenía la calma, se levantaba, recuperaba el balón y creaba otro momento de magia.

- En la fase de grupos, preparó los tres goles contra Corea del Sur, marcó el empate frente a Italia y, luego, dio otra asistencia contra Bulgaria.
- En los cuartos de final, Maradona marcó dos de los goles más renombrados de la historia del fútbol para llevar a Argentina a la victoria ante Inglaterra: la Mano de Dios y, luego, el Gol del Siglo (¡lo veremos con más detalle en la sección «Habilidades»!).
- En la semifinal, volvió a marcar los dos goles con los que se impusieron a Bélgica.

Sin embargo, pese a sus acciones deslumbrantes, Maradona sabía que no podía ganar el Mundial él solo. «¡Estamos todos juntos! ¡Juntos estamos completos!», les gritó a sus compañeros en el vestuario después del partido.

En la final contra Alemania Occidental, Maradona estuvo vigilado de cerca por Lothar Matthäus, pero, aun bajo presión, encontró la manera de crear su magia. Con el partido empatado 2-2 a diez minutos del final, recibió el balón tras una pared, levantó la vista y dio un pase en profundidad que partió en dos a la defensa alemana para que Jorge Burruchaga marcara a placer.

¡Argentina era de nuevo campeona del mundo! Contra todo pronóstico, Maradona lo había conseguido. Con su combinación ganadora de talento y personalidad, había llevado a su equipo hasta la gloria mundial. ■

¿QUIÉN GANA?

Pelé demostró que no hacía falta ser capitán para liderar, pero, en esta batalla en particular entre los GOAT, no puede competir con su rival. En el Mundial de 1986, Maradona demostró que era el rey de los capitanes y uno de los líderes más importantes del fútbol.

DECIDAMOS ENTONCES... ¿QUIÉN ES EL GOAT CON MÁS CARÁCTER?

En este capítulo sobre el carácter, hemos analizado cómo son nuestros GOAT como personas, como jugadores y como líderes. Pero, antes de que tomes tu decisión final, es hora de presentar nuestros mejores argumentos a favor de cada uno. Seth, sube al escenario...

SETH SE DECANTA POR PELÉ

Pelé podía mostrar una cara amable fuera del campo, pero, sobre el césped, era un jugador feroz que imponía un gran respeto.

A pesar de todos los goles, victorias y títulos, Pelé se comportó con humildad durante toda su carrera. Respetaba a sus compañeros y nunca subestimó a sus rivales. Precisamente por eso, vivió una vida tan comedida: comía bien, dormía lo necesario y se dedicaba con disciplina al fútbol.

Imagina lo increíbles que podrían haber sido otros candidatos al GOAT (por ejemplo, ¿Maradona?) si hubieran llevado una vida como la de Pelé...

Todo ese esfuerzo le dio sus frutos a este futbolista de récord y tricampeón del mundo. Un brasileño brillante, que no solo embelleció el fútbol con sus indiscutibles habilidades, sino que, además, hacía gala de la personalidad deportiva perfecta. Elegante, con clase y respetuoso con los demás: ese es, sin duda, el tipo de GOAT con el que me gustaría jugar...

MATT SE DECANTA POR MARADONA

Deportivo, competitivo y entregado... ¡Vaya! ¿No te da la sensación de que Pelé era un poco aburrido? ¿Sabes quién no tenía nada de aburrido? ¡Diego Maradona!

Fue una superestrella tanto por sus habilidades como por su carácter. Seguro, encantador y pícaro, a Maradona le gustaba divertirse, y, aunque eso le acarreó muchos problemas, sus errores también lo hicieron más fuerte y más humano. Nadie sabía qué iba a hacer; ni siquiera sus propios compañeros y, desde luego, mucho menos, los defensas. ¿No es eso muy emocionante?

Aun así, aunque Maradona nació para entretener, también nació para ganar. Cuando empezaba el partido, las bromas se acababan y se convertía en un líder concentrado y sin miedo que inspiraba a sus compañeros a no rendirse. Cuando las cosas iban mal, mostró la fortaleza mental para reponerse una y otra vez, resurgiendo siempre más fuerte que antes.

Por tanto, si prefieres que tu GOAT tenga pasión, compromiso y personalidad, elige a Maradona.

Seth
Sí, si prefieres que tu GOAT sea un tipo cabreado y tramposo, adelante, elige a Maradona.

Matt
¡Eh! ¿A quién llamas tramposo? Por lo que yo he visto, a Pelé no le importaba tirarse a la piscina en el área para que pitaran un penalti.

Seth
Eso es distinto, colega. Él es el Rey.

Matt
Bueno, Maradona era Dios, y seguro que Dios le gana al Rey, así que Matt le gana a Seth.

PUNTUACIONES

	PELÉ	MARADONA
PERSONALIDAD	10/10	8/10
MENTALIDAD	10/10	9/10
LIDERAZGO	8/10	10/10
PUNTUACIÓN TOTAL	**28/30**	**27/30**

Este es nuestro veredicto, pero ¡la decisión final es tuya! ¿Quién crees que es el GOAT del carácter y por qué?

Mi GOAT del carácter es:

....

HABILIDADES

¿QUÉ SON LAS HABILIDADES?

Aunque el futbolista rebelde y el ejemplar tenían personalidades muy diferentes, eran más parecidos en lo que se refiere a las habilidades. Ambos hacían gala de una gran destreza con el balón, se movían con elegancia para esquivar las entradas peligrosas de los defensas y tenían un extraordinario olfato goleador para clavarla en la escuadra desde cualquier ángulo.

Pero no pienses que estos dos jugadores eran idénticos. Uno era bajo y fornido, mientras que el otro era atlético y musculoso. Las malas decisiones en la vida de uno hicieron que, a veces, le costara mantener la forma física, mientras que el otro se mantuvo en forma toda su carrera. Uno marcaba goles por diversión, mientras que el otro tenía la visión para dar pases perfectos.

Vamos a dividir esta sección en tres apartados clave:

HABILIDAD FÍSICA
Hablaremos de velocidad, fuerza y potencia.

HABILIDAD TÉCNICA
Analizaremos sus regates, pases y disparos.

HABILIDAD TÁCTICA
Por último, veremos cómo utilizan su astucia táctica para influir en los partidos.

HABILIDADES FÍSICAS

Si ves un partido de primer nivel de la era moderna y, luego, uno de la época de Pelé o de Maradona, notarás una gran diferencia (y montones de diferencias menores) relacionada con las habilidades físicas de los jugadores. Los futbolistas recorrían menos distancia en los partidos, esprintaban menos y, en general, jugaban a un ritmo más pausado. ¿Por qué ocurría esto?

ANTES Y AHORA

En la actualidad, los futbolistas cuentan con nutricionistas, monitores de actividad, planes de entrenamiento personalizados y cámaras de crioterapia para acelerar la recuperación muscular. Sin embargo, cuando Pelé y Maradona jugaban, la ciencia del deporte daba sus primeros pasos. El entrenamiento se limitaba a correr y, de forma ocasional, a levantar pesas.

Por suerte, nuestros GOAT fueron de los pocos en su época que entendieron que la condición física les podía dar una ventaja en el campo, haciéndoles…

- Más rápidos para regatear.
- Más potentes al chutar.
- ¡Aún más difíciles de detener!

Precisamente por eso, Pelé tenía su propio plan intensivo de entrenamiento, mientras que Maradona fue uno de los primeros futbolistas en contar con un preparador físico individual. Veamos cómo tanta dedicación y esfuerzo pronto dio sus frutos…

PELÉ

Como jugador joven en el Santos, Pelé se transformó de un adolescente enclenque en una máquina goleadora, delgada pero potente. Gracias a una nueva dieta, al trabajo con pesas y a la práctica de deportes como el kárate y el judo, Pelé ganó mucho músculo. De hecho, sus muslos crecieron tanto que casi tenían el mismo perímetro que su cintura. ¿Cuáles eran sus principales cualidades físicas?

ERA UN ATLETA

El kárate le ayudó a mejorar el salto. El judo le proporcionó equilibrio y agilidad. Cuando empezó a jugar con la selección brasileña, Pelé ya era un deportista completo. Era excepcionalmente ágil, coordinado y veloz. Julio Mazzei, su preparador físico, afirmaba que Pelé podría haber sido campeón olímpico en el decatlón debido a sus variadas cualidades físicas. «¡Sin ningún entrenamiento especial, puedes correr los 100 metros en 11 segundos!», le dijo a Pelé.

ERA POTENTE

Gracias a esos músculos enormes, Pelé tenía mucha potencia. Eso le permitía acelerar y dejar atrás a los defensas con facilidad, y también superarlos en los remates de cabeza. Con 170 cm de altura, Pelé medía lo mismo que Lionel Messi. Y, aun así, ¡el juego de cabeza fue una de sus grandes armas! Llegó a marcar más de 100 goles de cabeza a lo largo de su carrera.

ERA FUERTE

En cualquier parte del campo, los defensas intentaban sacar a Pelé del partido. El exdefensa inglés Alan Mullery admitió que le ordenaron ser contundente con Pelé para intentar bloquear su juego en el Mundial de 1970. Solo había un problema: ¡Pelé estaba físicamente a la altura de todo lo que Mullery pudiera hacer!

Sí, sin duda, Pelé se defendía muy bien en el terreno de juego. Se cuenta que, en la Copa América de 1959, sufrió un promedio de 16 faltas por partido. Sin embargo, gracias a su fuerza física (y mental) nunca se dejó intimidar.

ANTES Y AHORA

Mientras que hoy todos los jugadores llevan espinilleras, en la época de Pelé se consideraban pesadas y un estorbo. Fue solo después de la dureza de las entradas que recibió en el Mundial de 1970 que Pelé empezó a utilizarlas. Maradona, por su parte, sufrió tanta rudeza que llegó a llevar dos pares. En 1990, la FIFA hizo obligatorio que todos los jugadores utilizaran espinilleras.

MARADONA

Cuando Pelé se retiró y Maradona quedó en el centro del escenario del fútbol internacional, los defensas olieron carne fresca. Y, gracias a las mejoras en la preparación física y en la comprensión táctica, ellos también habían elevado su nivel. ¿Qué podía hacer Maradona? Por supuesto, utilizar sus sorprendentes habilidades físicas…

ERA ÁGIL

QUÉ DICEN SUS CRÍTICOS

> «Es pequeño, gordo y solo juega con una pierna».
> Sir Bobby Robson, seleccionador de Inglaterra (1986)
>
> ¡ERROR!

Gracias a que Maradona tenía poca altura, disfrutaba de una gran ventaja sobre sus rivales: un centro de gravedad bajo. Esto le permitía cambiar de dirección rápidamente hacia la izquierda o hacia la derecha, y arrancar de forma explosiva hacia atrás o hacia delante. No importa lo grande que seas si puedes girar y moverte más rápido que una anguila en un laberinto, sobre todo cuando nadie puede atraparte (incluido todo el equipo de Inglaterra de Robson, algo de lo que hablaremos más adelante). ¡Qué gran ventaja para un excelente regateador como Maradona!

ERA DIFÍCIL DE DESESTABILIZAR

Cuando te están dando patadas por todas partes, es fácil caerse. Pero, gracias al equilibrio de Maradona, no solo podía mantenerse en pie y salir airoso cuando los defensas se lanzaban sobre él, sino que también le permitía imponerse a los rivales y marcar goles increíbles.

ERA RESISTENTE

Maradona es el jugador que ha recibido más faltas en la historia de los Mundiales. En el Mundial de 1986, fue objeto de la cifra récord de 53 faltas. En un solo partido (contra Italia en 1982), ¡le hicieron 23 faltas! Los defensas creían que la única forma de parar a Maradona era dándole patadas.

ANTES Y AHORA

En 1998, la FIFA prohibió las entradas por detrás para evitar acciones que «ponen en peligro la seguridad de los jugadores». ¿Y antes de 1998? Pues hubo muchas entradas que ponían en peligro la seguridad de los rivales, ¡sobre todo la de Pelé y la de Maradona! «Tenías que regatear a un jugador, esquivar su patada y continuar con el balón», explicó Maradona. «Si no aprendes eso, después de la tercera patada, no puedes seguir».

Sin embargo, lo que los defensas no comprendían era lo resistente que era Maradona. Gracias a su increíble fuerza de voluntad, su cuerpo sorprendentemente férreo podía soportar las entradas más violentas y las patadas más brutales. En ocasiones, tenía que infiltrarse para paliar el dolor. Otras veces, jugaba con él. Pero, aun así, ¡Maradona seguía, partido tras partido!

¿QUIÉN GANA?

Maradona tenía una agilidad asombrosa y una estabilidad sin igual, pero Pelé tenía todo eso ¡y más! Con elecciones de vida poco saludables que solían penalizar a Maradona, la vida sana de Pelé le ayuda a coger la delantera en esta sección sobre las habilidades.

HABILIDAD TÉCNICA

Es hora de evaluar las habilidades técnicas de nuestros GOAT: sus pases precisos, sus regates demoníacos y sus disparos sensacionales. ¿Quién será el vencedor?

PELÉ

PASE

QUÉ DICEN SUS CRÍTICOS

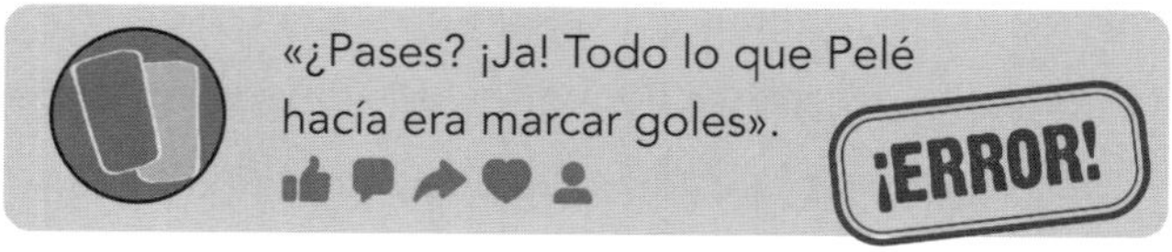

Por el hecho de que Pelé marcara tantos goles, es fácil pensar que era solo un delantero atento a los rebotes. Sin embargo, también era un gran creador de ocasiones.

Pelé era un maestro en dejar a sus compañeros frente a la portería con pases cortos y paredes rápidas. Esos pases parecían simples, pero eran muy efectivos. Fíjate en sus estadísticas en el Mundial de 1970:

- 27 ocasiones creadas en acciones de ataque.
- Seis asistencias en seis partidos (incluidas dos en la final).

Y, si añadimos las estadísticas del resto de sus Mundiales, Pelé suma nueve asistencias, la mayor cantidad en la historia (aunque muchas fuentes afirman que en realidad fueron diez). Para nosotros, es un maestro del pase, prácticamente perfecto…

REGATE

Pelé era rápido e impredecible, y tenía todo un repertorio de habilidades con la pelota. Hacía recortes, quiebres, amagos con el cuerpo, fintas, movimientos de cintura, bicicletas y túneles. O simplemente la empujaba y corría.

En un partido del Santos contra el Fluminense en 1961, se cuenta que Pelé regateó a seis jugadores antes de marcar un tanto que se inmortalizó como el Gol de Placa. Después de eso, el Santos colocó una placa conmemorativa fuera del estadio.

Pero Pelé no solo regateaba a los rivales a nivel del césped… sino que ¡también lo hacía por el aire! Con su icónico movimiento de sombrero, elevaba el balón por encima de las cabezas de los defensas. En 1964, hizo tres sombreros antes de marcar un gol al Botafogo.

DISPARO

Si un jugador marca 1279 goles a lo largo de su carrera, es probable que se le dé bien chutar. Ya hemos visto cómo su impresionante salto le convirtió en uno de los mejores cabeceadores de la historia. Pero las potentes piernas de Pelé también le concedieron un disparo durísimo, difícil de atajar, sobre todo en los tiros libres.

Se dice que Pelé marcó la friolera de 70 tiros libres durante su carrera, lo que lo colocaría en el segundo puesto de la clasificación de máximos goleadores de tiro libre de todos los tiempos. Aunque nunca podremos estar seguros de la precisión de esa cifra, porque los datos no se registraban en el pasado como hoy, los vídeos muestran que era un excelente lanzador, casi tan bueno con la izquierda como con la derecha.

Y, dentro del área, Pelé brillaba: definiciones colocadas al palo, voleas y un buen puñado de chilenas.

MARADONA

PASE

A Maradona le gustaba tener el balón para poder controlar el ritmo del partido y crear ocasiones para sus compañeros. Gracias a su increíble visión de juego, Diego podía hacer pases desde cualquier lugar imaginable, ya fueran vaselinas desde atrás o pases al hueco desde una posición más adelantada. Nadie en la historia del fútbol, salvo Messi, ha creado más ocasiones en Mundiales que las 66 de Maradona, incluida la célebre asistencia a Jorge Burruchaga en la final de 1986.

REGATE

Si Maradona fue uno de los mejores pasadores de todos los tiempos, aún fue mejor regateador. Cuando driblaba, el balón parecía estar pegado a su bota. Sin duda, tenía habilidades distintivas. De entre todos, la ruleta era su movimiento favorito. Le gustaba desbordar a los rivales ocultando sus movimientos, dejando caer el hombro hacia un lado y arrancando en sentido contrario en busca del espacio libre.

- En el Mundial de 1986, regateó a un total de 53 jugadores (récord en un solo Mundial).
- Hasta la llegada de Messi, nadie igualó sus 105 regates en partidos de la Copa Mundial.

También fue brillante en los clubes con los que jugó. En 1983, la afición del Real Madrid lo aplaudió en el Bernabéu tras regatear al portero, esperar a ser alcanzado por un defensa y volver a regatearlo antes de marcar.

«El fútbol es el juego del engaño. Amagas ir para allá y te vas para el otro lado, mientras el rival te busca en el lado contrario».

MARADONA

DISPARO

Maradona creó muchas ocasiones de gol, tanto como culminación de una jugada como a balón parado (debido a la gran cantidad de faltas que le hacían). Por si fuera poco, también era un especialista en los lanzamientos: marcó un total de 62 goles de tiro libre con sus clubes y con la selección.

Quizá Diego sea más recordado como creador de ocasiones que como rematador, pero eso no significa que no supiera definir frente a la portería. Era fantástico improvisando formas inverosímiles de marcar, aunque, a veces, sus métodos no fueran del todo legales (por ejemplo, la controvertida Mano de Dios). Metía goles de cabeza, de volea, con un disparo desde lejos o con un toque delicado para culminar una gran jugada. Marcó con un terrible cañonazo desde el borde del área contra Grecia, con un cabezazo a 25 metros de distancia contra el Bolonia, con un disparo implacable a ras del palo contra el Brescia…

No hay duda de que Pelé y Maradona tienen habilidades técnicas extraordinarias. Por tanto, veamos un poco más de cerca esas habilidades en acción…

PELÉ: EL NACIMIENTO DE UNA ESTRELLA

SUECIA 2 | 5 BRASIL

29 DE JUNIO DE 1958
ESTADIO RÅSUNDA, SOLNA

Cuando los dos equipos saltaron al césped en Suecia para la final del Mundial de 1958, había un nombre en boca de todos: Pelé. Con cuatro goles y dos asistencias en tres partidos, el joven de diecisiete años llegaba en forma. Pero ¿sería capaz de conseguir su primera Copa Mundial con Brasil?

Después de 55 minutos, el partido parecía estar encaminado para Brasil. Ganaban 1-2, pero Pelé aún no se había lucido. Entonces, Nilton Santos recogió el balón por la banda y el siempre atento Pelé encontró un metro de espacio libre en el área. Santos levantó la cabeza y le dio un pase en profundidad a Pelé.

Primero, gracias a su fuerza suprema, Pelé aguantó la entrada de un defensa y controló el balón con el pecho. Luego, con su asombrosa y característica agilidad, se zafó del marcaje. Con su toque embriagador, le hizo un sombrero a un segundo defensa. Con su velocidad sensacional, rodeó a ese defensa para conectar una volea… ¡y envió el balón al fondo de la red!

¡Guau! ¡Era el mejor gol que se había visto en una final de la Copa Mundial! El rey de Suecia felicitó al Rey del fútbol al final del encuentro.

«EL MALABARISMO CON EL BALÓN DE UNA ESTRELLA DE CIRCO QUE DEJÓ DETRÁS DE ÉL A DEFENSAS SUECOS BOQUIABIERTOS Y NEGANDO CON LA CABEZA».

DAILY HERALD

¿Y qué dijo Pelé? «Nadie había marcado un gol así antes».

¡Un gol para la historia! ■

MARADONA: EL GOL DEL SIGLO

ARGENTINA 2 | 1 INGLATERRA

22 DE JUNIO DE 1986
ESTADIO AZTECA, CIUDAD DE MÉXICO

Cuatro minutos después de la jugada conocida como «la Mano de Dios» en el Mundial de 1986 en México, Maradona recibió el balón en la mitad argentina del campo, de cara a su propia portería. Dos jugadores se apresuraron a cortarle el paso. Maradona se dio la vuelta, los dejó atrás a ambos y salió disparado hacia la defensa inglesa. ¿Qué sucedería después?

De repente, Inglaterra percibió el peligro. Terry Butcher salió con todo desde la defensa para frenar a Maradona. Este lo esquivó como si no existiera. Luego, hizo otro amago para dejar atrás a Terry Fenwick.

Maradona levantó la vista y se encontró dentro del área. ¡Inglaterra entró en pánico! El portero Peter Shilton se adelantó para recortar el ángulo de disparo del delantero, pero Maradona también lo sorteó. El lateral derecho Gary Stevens corrió hacia la línea de gol, mientras que Butcher se lanzaba desesperado hacia el balón. Pese a todos los esfuerzos de los jugadores ingleses, nadie pudo evitar que Maradona empujara el balón hacia la portería vacía.

Toda la jugada duró tan solo 11 segundos e implicó 11 toques de balón. En ese tiempo, Maradona recorrió unos increíbles 51 metros y superó a cinco jugadores, ¡sin tocar el balón con su pie derecho!

> «CUANDO DIEGO NOS MARCÓ ESE SEGUNDO GOL, SENTÍ GANAS DE APLAUDIR. ERA IMPOSIBLE NO APLAUDIR UN GOL TAN BONITO».
>
> GARY LINEKER, DELANTERO INGLÉS

Con siete disparos a puerta, seis ocasiones de gol, 12 de 14 regates completados con éxito y dos goles, Maradona contribuyó a que Argentina llegara a semifinales con una de las actuaciones individuales más destacadas de la historia del fútbol. Más tarde, la FIFA le otorgó el reconocimiento del Gol del Siglo. ■

¿QUIÉN GANA?

En este libro, tratamos de ser concluyentes. No nos gustan los juicios vagos que no resuelven nada. Queremos saber cuál es el jugador más brillante. Sin embargo, en lo que se refiere a las habilidades técnicas, es sencillamente imposible decantarse por una de estas dos leyendas. Pelé y Maradona lo podían hacer casi todo, incluso en los momentos más difíciles y bajo mucha presión. Si pudiéramos otorgarle a cada uno de ellos 100 puntos de 10 posibles, lo haríamos. Siempre que Pelé o Maradona pisaban el césped, ¡el fútbol era el principal ganador!

HABILIDAD TÁCTICA

En este apartado, evaluaremos la inteligencia futbolística de Pelé y de Maradona. En aquella época, el juego se basaba más en la genialidad individual que hoy.

ANTES Y AHORA
Mientras que, en la actualidad, el equipo al completo presiona y participa en todas las jugadas, en la época de Pelé, las estrategias se centraban más en las individualidades, como el marcaje hombre a hombre. Aunque, en la época de Maradona, los defensas colaboraban más en el juego, los equipos seguían dependiendo en gran medida de la brillantez individual en ataque.

Queremos analizar las decisiones en el campo de nuestros GOAT, la forma en que encajaban en sus equipos y cómo evolucionó su juego a lo largo de los años. ¿Quién tuvo el mejor cerebro futbolístico?

PELÉ

QUÉ DICEN SUS CRÍTICOS

«¿Tácticas? ¡Bah! Eso no existía en la época de Pelé».

¡ERROR!

«[Pelé] tenía una percepción extraordinaria del juego», dijo su compañero de la selección brasileña, Tostão. No era un don mágico; en absoluto. Era producto de las miles de horas que dedicó a prepararse: jugando en la calle, entrenando, probando nuevas habilidades en el fútbol sala y observando...

«Si Pelé no tenía el balón, estaba observando», afirmó su compañero Clodoaldo. Cuanto más analizaba a sus rivales, podía predecir mejor lo que iba a ocurrir y encontrar la forma idónea de superarlos. Antes del Mundial de 1970, por ejemplo, advirtió que los porteros europeos se adelantaban mucho. Por lo tanto, cuando Brasil jugó contra Checoslovaquia, Pelé hizo algo nunca visto antes: con el guardameta rival muy adelantado, intentó marcar desde su propio campo.

Aunque el disparo no se convirtió en gol por poco, la inteligencia futbolística de Pelé dejó al mundo atónito. Poco después, en otro partido de ese mismo Mundial, esta vez contra Uruguay, Pelé fue al encuentro de un pase de Tostão sobre el área. Cuando el portero salió a cortar la jugada, Pelé lo dejó atrás sin tocar el balón. ¡El guardameta uruguayo fue víctima de un amago descomunal! «¡Qué genialidad! ¡Increíble!», exclamó el comentarista de la BBC.

Pero lo que hacía que la mente futbolística de Pelé fuera brillante era su capacidad para adaptar su talento individual al conjunto. «Entendía las necesidades del equipo», dijo el centrocampista inglés Nobby Stiles. «Era tanto el motor como el corazón de Brasil».

MARADONA

«Hay una habilidad en especial que nadie ha tenido como Leo [Messi] y yo: la rapidez de pensamiento», dijo en una ocasión Maradona. «Es una cualidad innata, como la de un ordenador». Sí, la cabeza futbolística de Maradona era tan rápida que los defensas podrían haberse preguntado si la había creado Steve Jobs.

Analicemos su Gol del Siglo en el Mundial de 1986: tuvo que tomar multitud de decisiones en apenas 11 segundos: cuántos toques, dónde estaban sus compañeros o el portero; pasar, regatear o chutar; ir por fuera o por dentro; detectar puntos débiles, etc. Ese gol puede parecer producto de la técnica de Maradona, pero, sin una mente veloz, hubiera sido imposible.

Además, Maradona llevó a equipos austeros al éxito. Tras marcar o asistir en 10 de los 14 goles de Argentina en su triunfo de 1986, recibió el Balón de Oro del torneo. Tras evitar el descenso por los pelos, el Nápoles fichó a Maradona. Cuatro temporadas después, habían ganado la liga y la Copa de la UEFA.

«A Maradona no lo rodeaban grandes jugadores. Tuvo que cargar con el equipo él solo».
ÉRIC CANTONA, LEYENDA DEL MANCHESTER UNITED

No obstante, Maradona sabía que no podía hacerlo todo solo. Como tenía tantas habilidades, adaptaba con facilidad su juego a cualquier equipo. En el Nápoles, se dio cuenta de que ya había dos regateadores geniales (Carnevale y Careca), por lo que se centró más en llevar el balón hacia delante y en dar pases letales. Mientras que, en la victoria de Argentina sobre Inglaterra en 1986, intentó 14 regates, en las eliminatorias de la Copa de la UEFA 1989 contra la Juventus y el Bayern solo hizo cinco regates en dos partidos. ¡Eso sí que es jugar para el equipo!

¿QUIÉN GANA?

Aunque ambos pensaban con gran rapidez y eran capaces de cambiar un partido en un pestañeo, ninguno creyó que todo girara en torno a él. Por una vez coincidimos: mientras Pelé utilizó su inteligencia táctica para inventar nuevas formas de jugar e integrarse en grandes equipos, el brillo individual de Maradona convirtió equipos corrientes en extraordinarios.

DECIDAMOS ENTONCES... ¿QUIÉN ES EL GOAT DE LAS HABILIDADES?

En esta sección sobre las habilidades, hemos analizado las fenomenales capacidades físicas, técnicas y tácticas de Pelé y de Maradona. Ahora, es el momento de hacer un resumen, tomar una decisión y **votar al GOAT**.

Es el turno de Seth para defender al Rey.

SETH SE DECANTA POR PELÉ

Pelé iba tan por delante de su época que parecía jugar en alta definición mientras los demás lo hacían en blanco y negro. Muchas habilidades que hoy nos parecen normales solo fueron posibles gracias a su observación e inventiva. Y no me refiero solo a chutar desde tu propio campo o a hacer sombreros y amagos imposibles. También utilizó habilidades transferibles de otros deportes como el kárate. Sin duda, Pelé fue un innovador.

Este GOAT sabía cómo obtener ventaja sin saltarse las normas. Mientras algunos tenían que utilizar las manos, Pelé podía cabecear el balón (y hacerlo mejor que nadie en la historia). Con habilidades del calibre de las suyas, no había necesidad de hacer trampas.

Este musculoso mago del fútbol contaba con mil maneras diferentes de superar a un rival (aunque le dieran patadas). Aun pudiendo hacerlo todo solo, Pelé conocía el poder del trabajo en equipo. Mientras la mayoría de goleadores son solo grandes rematadores, Pelé no solo fue un excelente regateador, sino también un extraordinario pasador. No tengo ninguna duda de que podría haber jugado en cualquier posición sobre el campo y hubiera destacado. ¡Incluso fue portero suplente de su equipo!

«A Maradona no se le veía marcar de cabeza», dijo Pelé en una ocasión. «Y no podemos decir que Maradona chutara bien con las dos piernas, porque no chutaba con la derecha, sino que solía hacerlo casi siempre con la izquierda… No puedes comparar a Maradona con Pelé».

¿Qué habilidades no tenía Pelé? Exacto… A ver qué dice Matt.

MATT SE DECANTA POR MARADONA

Cuando oyes la palabra «habilidad», ¿en quién piensas primero? Si no eres de los incondicionales de Brasil, como Seth, tu respuesta debe ser una de las dos increíbles M argentinas: Lionel Messi o el maestro Diego Maradona.

Sí, adiós a Pelé, el Rey del fútbol, y hola a Diego, el dios de las fintas y de las filigranas. El tipo era tan técnico que la ruleta de 360 grados se convirtió en el «giro de Maradona». Y, si me preguntas, la rabona también debería llamarse «el disparo de Maradona».

Maradona no era solo espectáculo, sino que también decidía los partidos. Tenía suficiente control y equilibrio como para bailar entre los defensas más fuertes y marcar. ¿Cinco rivales? Ningún problema. Como demostró contra Inglaterra, Maradona era un mago con el balón gracias a su varita mágica con forma de zurda. Lo siento, Pelé, pero, cuando tienes un arma tan potente, ¿para qué utilizar la derecha o la cabeza salvo que sea imprescindible?

SAQUE INICIAL
CARÁCTER
HABILIDADES
MEDIA PARTE
ESTADÍSTICAS
INCIDENCIA
PRÓRROGA

Además de sus habilidades fenomenales, Maradona tenía un cerebro futbolístico sin igual. Podía adaptar su juego a distintos equipos, sacar lo mejor de jugadores no tan destacados y, lo más importante, liberarse de su marcador para crear goles y asistencias de la nada en los momentos más decisivos. Mmm… para mí, eso lo convierte en el GOAT de las habilidades.

Seth
¡Todo eso no es relevante!
Creo que un GOAT del fútbol debería, al menos, saber cabecear el balón.
Y quizá utilizar más de un pie…

Matt
Pero yo no te he preguntado.

Seth
Ya sé que no me lo has preguntado.
Solo es algo que la gente dice…

Matt
Pues que se lo digan a la mano (de Dios), porque la cabeza no escucha…

PUNTUACIONES

	PELÉ	MARADONA
HABILIDAD FÍSICA	10/10	8/10
HABILIDAD TÉCNICA	10/10	10/10
HABILIDAD TÁCTICA	8/10	10/10
PUNTUACIÓN TOTAL	28/30	28/30

¡No es fácil elegir entre estas dos leyendas del fútbol! Pero la decisión final es tuya. ¿Quién crees que es el GOAT legendario más habilidoso?

Mi GOAT de las habilidades es:

....

MEDIA PARTE

CUESTIONARIO

¡Piiii! Vamos a necesitar un breve descanso en medio de esta batalla entre los GOAT legendarios. Por tanto, mientras nos tomamos 15 minutos para descansar, hidratarnos y reponer fuerzas en el vestuario, te dejamos con un cuestionario para poner a prueba tus conocimientos durante el descanso…

PREGUNTAS GENERALES

1. ¿Qué edad tenía Pelé cuando ganó su primera Copa Mundial con Brasil?
2. ¿Qué edad tenía Maradona cuando debutó con la selección absoluta de Argentina?
3. ¿Cuál era el verdadero nombre de pila de Pelé?
4. ¿Cómo se llamaba el primer club de fútbol profesional de Maradona?
5. ¿A qué leyenda inglesa le dio la mano Pelé en la Copa Mundial 1970?
6. ¿Con qué nombres se conocen los dos goles que Maradona marcó contra Inglaterra en la Copa Mundial 1986?
7. Pelé pasó la mayor parte de su carrera deportiva en el Santos, pero ¿con qué otro club también jugó?
8. ¿Con qué club español jugó Maradona entre 1982 y 1984?

PELÉ, MARADONA... ¿O AMBOS?

1. Fui capitán de la selección nacional y la llevé a la gloria en la Copa Mundial.

☐ Pelé ☐ Maradona ☐ Ambos

2. Fui famoso por llevar la camiseta con el número 10.

☐ Pelé ☐ Maradona ☐ Ambos

3. Marqué en dos finales de la Copa Mundial.

☐ Pelé ☐ Maradona ☐ Ambos

4. Jugué en clubes de tres países diferentes.

☐ Pelé ☐ Maradona ☐ Ambos

5. Me convertí en el primer futbolista en marcar mil goles.

☐ Pelé ☐ Maradona ☐ Ambos

6. En total, participé en cuatro Mundiales.

☐ Pelé ☐ Maradona ☐ Ambos

PREGUNTAS GENERALES
1: Diecisiete años; 2: Dieciséis años; 3: Edson; 4: Argentinos Juniors; 5: A Bobby Moore; 6: La Mano de Dios y el Gol del Siglo; 7: Con el New York Cosmos; 8: Con el FC Barcelona
PELÉ, MARADONA... ¿O AMBOS?
1: Maradona; 2: Ambos; 3: Pelé; 4: Maradona; 5: Pelé; 6: Ambos

LOS MEJORES GOLES DE PELÉ

EL (CASI) GOL DEL SIGLO

SUECIA 2 | 5 BRASIL

29 DE JUNIO DE 1958 • COPA MUNDIAL

Control, sombrero y volea. El gol de Pelé en el escenario más grande del fútbol mundial fue tan impresionante que el rey de Suecia bajó de las gradas para estrecharle la mano. ■

EL GOL DE PLACA

SANTOS 3 | 1 FLUMINENSE

5 DE MARZO DE 1961
TORNEO RIO-SÃO PAULO

Desde prácticamente su propia área, Pelé dribló y superó a cinco rivales a lo largo de todo el campo para llegar hasta el portero, esquivarlo y marcar. El gol fue inmortalizado fuera del estadio con una placa que dice: «En este campo, el 5 de marzo de 1961, Pelé marcó el gol más bonito de la historia del Maracaná». ■

EL REY DEL MUNDO

BENFICA 2 | 5 SANTOS

11 DE OCTUBRE DE 1962
FINAL DE LA COPA INTERCONTINENTAL

Todo lo que pudieron hacer los jugadores del Benfica fue quedarse pasmados y mirar mientras Pelé se zafaba de un defensa, sorteaba dos entradas y, luego, colocaba el balón en la esquina inferior de la portería con su pierna izquierda, la menos hábil. El partido finalizó con tres goles y una asistencia de Pelé. ■

UN *HAT-TRICK* DIFERENTE

SANTOS 11 | 0 BOTAFOGO DE RIBEIRÃO PRETO

21 DE NOVIEMBRE DE 1964
CAMPEONATO PAULISTA

Pelé le hizo un sombrero no a uno ni a dos, sino a tres defensas antes de lanzar un potente cañonazo y marcar. Más tarde, llamó a ese gol «su momento más preciado». ■

LA CHILENA IMPOSIBLE

NEW YORK COSMOS 8 | 2 MIAMI TOROS

10 DE AGOSTO DE 1976
NORTH AMERICAN SOCCER LEAGUE (NASL)

Pelé demostró que, pese a superar los treinta y cinco años de edad, aún conservaba una extraordinaria elasticidad, al ejecutar una increíble chilena desde casi 15 metros. Como si eso no fuera suficiente, ¡terminó el partido con cuatro asistencias y dos goles! ■

LOS MEJORES GOLES DE MARADONA

UNA MARAVILLA EN EL SUPERCLÁSICO

BOCA JUNIORS 3 | 0 RIVER PLATE

10 DE ABRIL DE 1981
PRIMERA DIVISIÓN DE ARGENTINA

Maradona se convirtió instantáneamente en el ídolo de Boca al marcar esta maravilla contra su acérrimo rival, el River Plate. Tras controlar un centro en el aire con un perfecto y único toque, Maradona regateó al portero y marcó. ■

UN APLAUSO UNÁNIME

REAL MADRID 2 | 2 FC BARCELONA

26 DE JUNIO DE 1983
PRIMERA DIVISIÓN DE ESPAÑA

Maradona volvió a regatear al portero, pero, esta vez, esperó a que un defensa retrocediera, también lo superó y marcó. Un gol tan bonito que incluso los aficionados del Real Madrid aplaudieron. Ese día, Diego entró a formar parte de la historia del FC Barcelona. ■

NÁPOLES CONTRA EL NORTE

NÁPOLES 1 | 0 JUVENTUS

3 DE NOVIEMBRE DE 1985 • SERIE A

Maradona colocó un tiro libre en la escuadra para llevar a su club del sur a una victoria histórica sobre los gigantes del norte, la Juventus. Un año después, el Nápoles se proclamó campeón de Italia por primera vez en su historia. ■

EL GOL DEL SIGLO

ARGENTINA 2 | 1 INGLATERRA

22 DE JUNIO DE 1986 • COPA MUNDIAL

Minutos después del momento estelar de la Mano de Dios, en unos cuartos de final inolvidables, Maradona marcó el mejor gol de todos los tiempos: 51 metros, 11 segundos, 11 toques de balón y cinco defensas ingleses superados en una sensacional carrera en solitario. ■

OTRA OBRA DE ARTE CONTRA BÉLGICA

ARGENTINA 2 | 0 BÉLGICA

25 DE JUNIO DE 1986 • COPA MUNDIAL

Maradona anotó dos goles más en la semifinal contra Bélgica: el primero con un sutil toque por encima del portero; el segundo, otro golazo para enmarcar. Maradona se dio la vuelta y regateó a cuatro defensas antes de estrellar el balón en la red. ■

¡Vaya, estos dos grandes jugadores sabían muy bien cómo encontrar la portería! Ha sido muy emocionante recordar sus mejores goles, pero, ahora, se acaba el tiempo y hay que salir de nuevo al terreno de juego para disputar la segunda parte. Empezaremos comparando las estadísticas de nuestros dos aspirantes al GOAT legendario.

ESTADÍSTICAS

¿QUÉ SON LAS ESTADÍSTICAS FUTBOLÍSTICAS?

Sin duda, Pelé y Maradona gozaban de unas habilidades y de una personalidad extraordinarias, pero ¿quién tiene las mejores estadísticas para poder ser considerado el GOAT legendario? Goles y gloria: al final, eso es lo que convierte a un gran jugador de fútbol en un GOAT.

No hay duda de que Pelé y Maradona lograron unas cifras increíbles, pero la gran pregunta que vamos a hacernos es: ¿quién es el ganador? En esta sección, analizaremos sus estadísticas, desglosándolas en tres grandes apartados:

RENDIMIENTO
Analizaremos las disparatadas cifras de goles y asistencias que convierten a Pelé y a Maradona en los mejores.

LOGROS INDIVIDUALES
Sumaremos sus logros: desde los trofeos al mejor jugador del partido hasta los Balones de Oro.

ESTADÍSTICAS CON SUS EQUIPOS
Contabilizaremos los trofeos y los campeonatos ganados tanto con sus clubes como con sus selecciones.

¿Será Pelé o Maradona el vencedor en la batalla de las grandes estadísticas?

RENDIMIENTO

PELÉ

	PARTIDOS	GOLES
CON SU CLUB	1271	1202
INTERNACIONALES	92	77
TOTAL	1363	1279

MARADONA

	PARTIDOS	GOLES
CON SU CLUB	589	311
INTERNACIONALES	91	34
TOTAL	680	345

Empecemos con la primera conclusión que podemos extraer y que probablemente no sorprenderá a nadie:

- EL GOAT con más goles con su club y con su selección es… **¡PELÉ!**

Analicemos sus increíbles cifras.

PELÉ

Sí, el Rey del fútbol es también el GOAT más goleador. De cabeza, de volea, uno contra uno, en los tiros libres, con chilenas; Pelé marcó cualquier tipo de gol que puedas imaginar. E incluso inventó algunos propios.

Hablamos de un jugador que:

- Marcó 100 tantos en una temporada dos veces.
- En 1969, se convirtió en el primer jugador del mundo en alcanzar los mil goles.

No hay duda de que marcar mil tantos impresiona. Pero ¿cómo pudo lograr Pelé tantos goles?

QUÉ DICEN SUS CRÍTICOS

«¡Pelé marcó la mayoría de sus goles en partidos amistosos contra equipos mediocres!»

¡ERROR!

Aunque Pelé no siempre jugó contra rivales de élite, el nivel fue mucho más alto de lo que algunos sugieren, sobre todo por tratarse de Brasil.

ANTES Y AHORA

Hoy en día, la mayoría de los mejores futbolistas brasileños juegan en los grandes clubes europeos, pero, en la época de Pelé, se quedaban en su país. Dado que los viajes internacionales no eran aún tan habituales, pocos ojeadores se desplazaban hasta Sudamérica y, además, las ligas europeas tenían normas muy estrictas que limitaban el número de extranjeros por club.

Aun así, Pelé también hizo giras mundiales con el Santos y se enfrentó a muchos grandes clubes europeos. En esos partidos, marcó más de 140 goles, entre ellos:

- 1 contra el poderoso Real Madrid
- 3 contra el FC Barcelona
- 2 contra el AC Milan
- 8 contra el Inter de Milán
- 9 contra el Benfica.

Y, aunque restáramos los más de 500 goles que sumó en partidos amistosos no oficiales con el Santos, Pelé sigue muy por delante de Maradona y de casi todos, excepto de Messi (852) y de Ronaldo (925).

El récord de Pelé es sencillamente sideral, sobre todo para un delantero que no jugaba como un nueve clásico que vive en el área rival y que rara vez tiraba penaltis para su equipo. Como él mismo dijo: «Si hubiera jugado de esa forma, habría llegado a los mil goles mucho antes».

Sin embargo, el día que anotó su gol número mil, sí se encargó de lanzar un penalti...

PELÉ Y UN PENALTI PARA LA HISTORIA

VASCO DA GAMA 1 | 2 SANTOS

19 DE NOVIEMBRE DE 1969
ESTADIO DE MARACANÁ, RÍO DE JANEIRO

Cuando los jugadores del Santos y del Vasco da Gama saltaron al césped, la atmósfera en el Maracaná, el estadio de fútbol más famoso de Brasil, estaba más agitada de lo habitual. ¿Por qué? Porque 80 000 aficionados esperaban presenciar un momento histórico.

Los apasionados del fútbol brasileño habían calculado que el Rey había marcado 999 goles hasta entonces. ¿Sería ese el día en que alcanzaría el gol número mil?

Con la presión de los seguidores, Pelé estaba

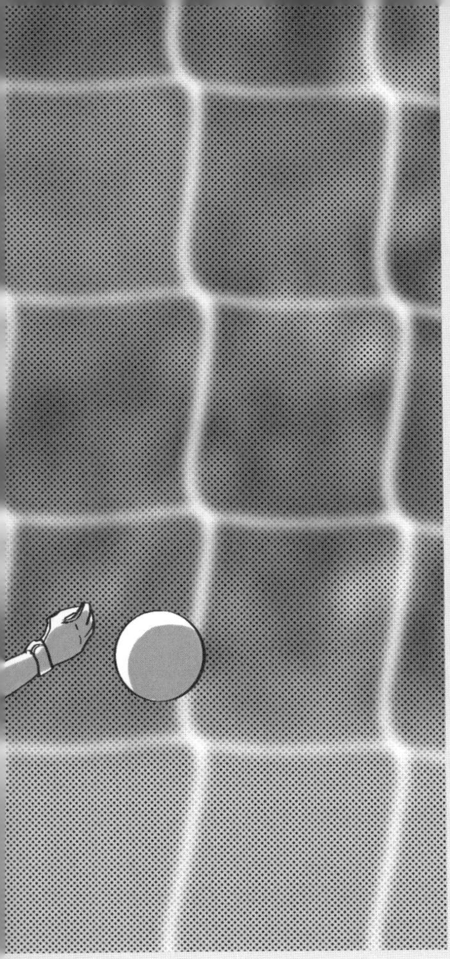

ansioso por marcar, pero su primer disparo fue atajado por el portero, y el segundo se estrelló contra el larguero. ¡Vaya! ¿Tendrían que posponer la gran celebración para otro partido?

No. En el minuto 78, Pelé salió raudo tras un magnífico pase de Clodoaldo y, al entrar en el área rival, un defensa lo derribó. ¡Penalti para el Santos! Rildo, el ejecutor habitual de los penaltis, se adelantó, pero, en esta ocasión, el capitán Carlos Alberto le entregó el balón a Pelé.

> «POR PRIMERA VEZ EN MI CARRERA, ESTABA NERVIOSO; NUNCA HABÍA SENTIDO EL PESO DE UNA RESPONSABILIDAD ASÍ. TEMBLABA. EN ESE INSTANTE, ME ENCONTRABA COMPLETAMENTE SOLO».
>
> PELÉ

Cuando sonó el silbato del árbitro, Pelé se adelantó y lanzó un disparo bajo y ajustado al palo, fuera del alcance del portero, que se lanzó en la dirección correcta. ¡Sí, lo había logrado! Había marcado su gol número mil.

Mientras Pelé recogía el balón y lo besaba, mil globos se elevaron desde las gradas hacia el cielo, y los fotógrafos invadieron el terreno de juego para inmortalizar el momento. Al final, el partido se detuvo 20 minutos mientras daban una vuelta de honor al estadio entre los vítores de los seguidores. Al saludar a la multitud, el Rey derramó unas lágrimas de alegría: acababa de escribir otra página de la historia del fútbol. ■

MARADONA

Aunque no alcanzó las cifras de Pelé, a Maradona no se le daba nada mal meter goles:

- En 1980, marcó 43 goles en 45 partidos con su primer club, Argentinos Juniors.
- Fue el máximo realizador del Nápoles durante cuatro temporadas consecutivas, y permaneció como máximo goleador histórico del club hasta 2017.
- En la Copa Mundial 1986, fue segundo en la pugna por la Bota de Oro.

Sin embargo, a diferencia de Pelé, el talento principal de Maradona no era el gol. Como mediapunta, se hizo famoso por regatear a los defensas y por hacer magia con la que crear muchas ocasiones para sus compañeros.

Es probable que te preguntes cuáles son las estadísticas de sus asistencias y de sus goles. Por suerte, en este caso, disponemos de las cifras exactas de Maradona con sus clubes en las grandes ligas europeas:

CLUB	PARTIDOS	GOLES	ASISTENCIAS	CONTRIBUCIONES DE GOL (GOLES + ASISTENCIAS)	CONTRIBUCIONES DE GOL POR PARTIDO
FC BARCELONA	58	38	23	61	1,05
NÁPOLES	257	115	76	191	0,74
SEVILLA	28	6	8	14	0,5

Podemos analizar con más detalle estos números:

- Maradona terminó como líder de las asistencias de la liga en tres temporadas: una con el FC Barcelona en 1982-83, y dos con el Nápoles, en 1984-85 y en 1989-90.
- Cuando el Nápoles ganó la Copa de la UEFA en 1989, Maradona dio nueve asistencias a sus compañeros, ¡incluidas las cuatro en la semifinal contra el Bayern Múnich!

Las estadísticas de Maradona en finales de competiciones europeas con sus clubes son abrumadoras:

CLUB	TORNEO	PARTIDOS	GOLES	ASISTENCIAS
FC BARCELONA	Copa del Rey 1983	1	0	1
	LaLiga 1983	2	2	1
NÁPOLES	Copa de Italia 1987	2	0	2
	Copa de Italia 1989	2	0	1
	Copa de la UEFA 1989	2	1	3
TOTAL		**9**	**3**	**8**

Pero ¿dónde están las estadísticas equivalentes de Pelé en el Santos? No hay forma de encontrarlas… Cuando se trata de estadísticas de partidos de fútbol de hace muchos años, por desgracia, falta mucha información.

ANTES Y AHORA

Hoy en día, gracias a la tecnología, puedes encontrar estadísticas de todo tipo sobre un partido de fútbol: saques de esquina, pases dentro del área o incluso la media de esprints de un jugador. Sin embargo, en la época de Pelé, el ordenador era algo muy nuevo y en desarrollo. Cuando Maradona se retiró en 1997, solo el 27 % de los hogares del Reino Unido tenía uno.

Ya es bastante difícil intentar averiguar cuántos goles marcaron Pelé y Maradona como para poder calcular cuántas asistencias hicieron.

CARA A CARA EN LA COPA MUNDIAL

¡Sí! Al menos, hay una competición de la que disponemos de estadísticas muy detalladas para ambos GOAT del fútbol y, por suerte, es la más grande de todas: ¡la Copa Mundial! Entonces, ¿quién es el ganador?

	PELÉ	MARADONA
TORNEOS DE LA COPA MUNDIAL	4	4
PARTIDOS	14	21
GOLES	12	8
ASISTENCIAS	9	8
CONTRIBUCIONES DE GOL (GOLES + ASISTENCIAS)	21	16
CONTRIBUCIONES DE GOL POR PARTIDO	**1,5**	**0,76**

¿QUIÉN GANA?

Lo siento, Diego, parece que Pelé te superó. No solo marcó más goles que Maradona, tanto con su club como con la selección, sino que el brasileño también hizo más asistencias en Mundiales.

No obstante, el GOAT de las estadísticas no se reduce solo a las contribuciones de gol por partido. Veamos otros logros asombrosos tanto de Pelé como de Maradona...

SAQUE INICIAL
CARÁCTER
HABILIDADES
MEDIA PARTE
ESTADÍSTICAS
INCIDENCIA
PRÓRROGA

LOGROS INDIVIDUALES

Aquí tienes un cara a cara con los premios individuales que ha ganado cada uno de nuestros GOAT legendarios:

	PREMIOS	PELÉ	MARADONA
INDIVIDUALES	Jugador del Siglo de la FIFA	1	1
	Futbolista del Siglo (elegido por los ganadores del Balón de Oro en 1999)	1	0
	Gol del Siglo de la FIFA	0	1
	Orden al Mérito de la FIFA (por una significativa contribución al fútbol)	1	0
	Futbolista sudamericano del Año (solo a partir de 1971)	1	2
CON SU CLUB	Mejor jugador de la liga nacional (premio poco habitual en aquella época)	1	1
	Máximo goleador de la liga nacional	3	5
	Máximo goleador en otros torneos con su club	15*	1
INTERNACIONALES	Mejor Jugador Joven de la Copa Mundial	1	0
	Mejor Jugador de la Copa Mundial	1	1
	Mejor Jugador de la Copa América	1	0
	Bota de Oro de la Copa América	1	0
	Mejor jugador en otros torneos internacionales	0	1
	TOTAL	**27**	**13**

*En Brasil, equipos como el Santos no solo compiten cada año en la liga nacional (la Serie A), sino que también juegan en su campeonato estatal, y ¡Pelé terminó como máximo goleador del Campeonato Paulista 11 veces!

Estas estadísticas nos dicen tres cosas:

- El GOAT con más premios en total es... **¡PELÉ!**

Además de recibir numerosos galardones por sus goles y por sus actuaciones individuales, Pelé obtuvo otros reconocimientos al retirarse por ser un gran ejemplo. En 1984, se convirtió, junto con Franz Beckenbauer, en uno de los dos primeros futbolistas en ser galardonado con la Orden al Mérito de la FIFA por su destacada contribución al fútbol.

- Pero el GOAT que se llevó el premio al Gol del Siglo fue... **¡MARADONA!**

Nadie como Maradona fue artífice de tantos momentos mágicos. En 2002, su segundo gol frente a Inglaterra en el Mundial de 1986 fue elegido oficialmente por la FIFA como el Gol del Siglo. El primer gol de Pelé contra Suecia en la final de 1958 quedó en tercer lugar, con solo 238 votos más que el cuarto, otro clásico de Maradona en el Mundial de 1986 frente a Bélgica.

- Y el GOAT que ganó el premio al Jugador del Siglo de la FIFA fue... **¡Lo compartieron Maradona y Pelé!**

Veamos por qué sucedió esto...

PELÉ, MARADONA Y EL FIASCO DE LA FIFA CON EL JUGADOR DEL SIGLO

11 DE DICIEMBRE DE 2000 • ROMA

Antes de la gala anual de la FIFA en Roma en diciembre de 2000, la federación había anunciado un premio especial que daría mucho que hablar: el Jugador del Siglo. ¿Quién sería el ganador? Pelé y Maradona eran los evidentes favoritos, pero la FIFA optó por dejar la decisión a criterio de los aficionados.

Aunque al principio parecía que la votación en línea favorecía a Pelé, al final, no fue así. Solo habían pasado tres años desde la retirada de Maradona, por lo que muchos de sus logros más recientes estaban frescos en la memoria de la gente, sobre todo entre los más jóvenes, que eran los que más utilizaban internet. Los aficionados también recordaban la Mano de Dios y las dos sanciones por dopaje, pero, aparentemente, los deslices de Maradona fueron perdonados, pues se impuso con claridad en la encuesta de la página web de la FIFA.

De forma inesperada, se anunció un segundo premio al Jugador del Siglo, decidido por periodistas, entrenadores y dirigentes de la FIFA. Y esta

«comisión especial» de la federación eligió… a Pelé.

«NO VOY A COMPARTIR EL PREMIO CON NADIE».

MARADONA

La FIFA trató de transformar la gala en un evento cordial para galardonar a los dos GOAT juntos, pero Maradona no lo vio así y lo consideró injusto. «Debieron hacerlo antes [cambiar las reglas] y no cuando la gente ya ha votado», dijo. «Porque, si hubiera triunfado Pelé con el voto popular, yo lo hubiera aceptado».

Al final, Maradona recogió primero el premio al Jugador del Siglo por la votación popular en internet, y, momentos después, Pelé también subió al escenario a recoger su premio.

«Me hubiera gustado que Maradona estuviera aquí arriba conmigo», sostuvo Pelé en su discurso, «pero parece que ya se ha ido». Así fue. Maradona recogió su galardón y se marchó muy molesto. ■

Si ni siquiera la FIFA, como acabamos de ver, puede elegir entre estos dos GOAT legendarios del fútbol, ¿cómo lo vamos a hacer nosotros?

LA BATALLA POR EL BALÓN DE ORO

Cuando jugaban, Pelé y Maradona no cumplían los requisitos para el premio individual más prestigioso del fútbol…

ANTES Y AHORA
En la actualidad, cualquier futbolista puede optar a ganar el Balón de Oro, el prestigioso galardón que concede la revista *France Football* al jugador que mejor desempeño ha tenido en la temporada anterior. Pero no siempre fue así. Desde 1956 hasta 1995, solo los jugadores europeos podían ser galardonados, lo que excluía tanto a Pelé como a Maradona.

Sin embargo, *France Football* acabó por corregir su antigua norma. En 1995, entregó a Maradona un Balón de Oro especial, mientras que a Pelé le concedieron un premio al Jugador del Siglo en 1999 y un Balón de Oro honorífico en 2013.

Entonces, ¿2-1 para Pelé? Pues no exactamente: en 2016, *France Football* fue un paso más allá y decidió reescribir la historia otorgando «ganadores alternativos» para los primeros 39 Balones de Oro, entre los que se incluyeron, por fin, a las estrellas sudamericanas.

¿Y los resultados?

PELÉ	7 (1958, 1959, 1960, 1961, 1963, 1964 y 1970)
MARADONA	2 (1986 y 1990)

¿QUIÉN GANA?

Aunque Maradona marcó el Gol del Siglo y la FIFA no pudo decantarse por ninguno de estos dos GOAT legendarios a la hora de determinar un único Jugador del Siglo, por lo que se refiere al Balón de Oro, Pelé vuelve a ser, sin duda, el ganador.

Sin embargo, aún queda un conjunto muy significativo de estadísticas de nuestros GOAT que no hemos analizado. Y, en un deporte como el fútbol, lo más importante de todo es ¡el éxito colectivo del equipo!

ESTADÍSTICAS CON SUS EQUIPOS

		PELÉ	MARADONA
CLUB	Títulos de liga	7	3
	Otros torneos nacionales	14	5
	Copas continentales (Copa Libertadores en Sudamérica, Copa de Europa)	2	1
	Copa Intercontinental	2	0
	Supercopa Intercontinental	1	0
SELECCIÓN	Copa Mundial	3	1
	Otros torneos internacionales	0	2
	TOTAL	**29**	**12**

A primera vista, la batalla de los trofeos con sus equipos parece decantarse con claridad hacia uno de ellos:

- El GOAT con más títulos de liga es **PELÉ**.
- El GOAT con más trofeos internacionales es **PELÉ**.
- El GOAT que ha ganado más Copas Mundiales… ¡también es **PELÉ**!

¡Olé! ¡El Rey se impone por goleada! Entonces, ¿ya sabemos cuál es el GOAT legendario? No, no tan rápido, jóvenes aficionados al fútbol: aunque las estadísticas no mienten, tampoco cuentan toda la historia. Pero, por suerte, nosotros sí lo haremos.

A FAVOR DE PELÉ

En lo que respecta al fútbol internacional, hay una estadística que es incuestionable: Pelé sigue siendo el único jugador del mundo que ha ganado la Copa Mundial tres veces.

Sin embargo, a nivel de clubes, la estadísticas del Rey pueden ser cuestionadas. Ganó 25 trofeos con el Santos, pero, de hecho, ¿se pueden comparar con los títulos de liga europeos de Maradona?

La respuesta es: sí y no.

No son comparables con los títulos de liga europeos:

- ✘ El Campeonato Paulista, que Pelé ganó diez veces con el Santos. (Hay que reconocer que solo juegan clubes del estado de San Pablo).
- ✘ El Torneo Rio-São Paulo, que Pelé ganó en tres ocasiones y en el que solo participaban equipos de San Pablo y de Río de Janeiro.

Pero sí que están a la altura de los títulos de liga europeos:

- ✓ El Campeonato Brasileño de Serie A, la liga nacional conocida popularmente como Brasileirão, que Pelé ganó seis veces.
- ✓ La Copa Libertadores (equivalente a la Champions League en Sudamérica), que Pelé ganó en dos ocasiones.
- ✓ Y lo mejor de todo: la Copa Intercontinental, que Pelé también ganó dos veces.

La Copa Intercontinental (1960-2004) era una competición a dos partidos entre el mejor equipo de Sudamérica y el mejor de Europa. En 1962, eso significaba que el Santos de Pelé se enfrentaría al dos veces ganador de la Copa de Europa (la actual Champions League), el Benfica, que también contaba con su propia superestrella mundial: el portugués Eusébio. ¿Quién ganaría y se convertiría en el mejor club del mundo?

En el partido de ida en casa, en el Maracaná, el Santos ganó 3-2, con dos goles de Pelé. Pero, para levantar la Copa Intercontinental, también tendrían que ganar fuera de casa, en Portugal…

EL MEJOR PARTIDO DE PELÉ

BENFICA 2 | 5 SANTOS

11 DE OCTUBRE DE 1962
ESTÁDIO DA LUZ, LISBOA

«Cuando llegamos a Lisboa, nos dimos cuenta de que el Benfica tenía tanta confianza en la victoria que ya estaban vendiendo entradas para un partido de desempate», dijo Pelé. «Habían colocado pancartas que decían "Benfica: Campeones del Mundo". Esto realmente nos irritó y nos ayudó a ofrecer una de las mejores actuaciones de la historia del Santos». ¡Sin duda, así fue!

En el minuto 15, Pepe centró desde la izquierda y Pelé marcó el primer gol. ¡0-1!

Diez minutos después, Pelé retrocedió para recibir el balón, regateó a tres defensas y disparó con su pierna menos hábil, la izquierda, para superar al portero. ¡0-2!

Al inicio de la segunda parte, Pelé se internó de nuevo en el área del Benfica, pero, en esta ocasión, puso el balón atrás para que Coutinho marcara. ¡0-3!

En el minuto 64, Pelé completó su *hat-trick* tras un grave error del portero. ¡0-4!

Y aún hubo tiempo para que Pepe añadiera otro tanto. ¡0-5!

Al final, Eusébio también logró marcar para el Benfica, pero eso no cambió nada. Gracias a una actuación perfecta de Pelé y a sus talentosos compañeros, ¡el Santos se convirtió en el nuevo e indiscutible campeón del mundo! ■

EN DEFENSA DE MARADONA

QUÉ DICEN SUS CRÍTICOS

«¿Once trofeos en veintiún años? ¡Es imposible que Maradona sea el GOAT con esos números!»

¡ERROR!

Aunque es cierto que Maradona debería haber ganado a lo largo de su carrera muchos más trofeos de los que ganó, hay dos factores importantes que conviene considerar:

1. MARADONA NUNCA ESTUVO RODEADO DE GRANDES SUPERESTRELLAS EN SUS EQUIPOS.

Sin ánimo de ofender a sus clubes o a su país, Maradona nunca formó parte de un equipo de clase mundial o que dominara en la liga nacional, algo que sí que le sucedió a Pelé tanto con Brasil como con el Santos. No obstante, Maradona tuvo jugadores talentosos a su alrededor, como:

- Ricardo Giusti (Argentinos Juniors)
- Bernhard Schuster (FC Barcelona)
- Ciro Ferrara y Careca (Nápoles)
- Daniel Passarella y Jorge Valdano (Argentina).

Pero él siempre fue, con diferencia, la superestrella destacada de su equipo. Y, aunque a Maradona le encantaba el papel de defensor de las causas perdidas, eso, sin duda, hizo que ganara menos trofeos.

2. MARADONA PASÓ DIEZ AÑOS JUGANDO EN LAS PRINCIPALES LIGAS DE EUROPA.

Aunque Pelé se quedó en casa durante gran parte de su carrera en su club (como la mayoría de los brasileños en aquellos tiempos), en la época de Maradona, los jugadores sudamericanos ya habían empezado a emigrar a Europa, fortaleciendo aún más esas ligas. En España, el FC Barcelona de Maradona competía por todos los trofeos contra el Athletic Club y contra el poderoso Real Madrid.

Más tarde, en Italia, el Nápoles de Maradona se enfrentaría a clubes de renombre como la Juventus, el AC Milan, el Inter de Milán, la Roma, la Sampdoria o la Lazio. A finales de la década de 1980, la Serie A era considerada la mejor liga del mundo, con los mejores defensas del planeta, por lo que el hecho de que Maradona llevase al «pequeño» Nápoles a conseguir su primer título de liga en 1987 fue un logro asombroso, un verdadero cuento de hadas futbolístico.

EL GRAN DÍA DE MARADONA

NÁPOLES 1 | 1 FIORENTINA

10 DE MAYO DE 1987
ESTADIO SAN PAOLO*, NÁPOLES

Cuando Maradona salió al campo con su equipo para enfrentarse a la Fiorentina, el Nápoles solo necesitaba un punto más para asegurarse el título de la Serie A. Se respiraba una mezcla de nervios y de emoción. ¿Sería ese el día en el que el club, tras 61 años de sufrimiento, por fin se proclamaría campeón de Italia?

Con diez goles y cuatro asistencias, Maradona era la gran figura del Nápoles, pero esta victoria fue el resultado de un gran esfuerzo colectivo. Tras recuperar el balón en el centro del campo, Maradona le hizo un pase sublime a Andrea Carnevale, que jugó al primer toque con Bruno Giordano antes de lanzar un disparo que batió al portero. ¡1-0!

Aunque la Fiorentina empató, el Nápoles defendió el punto que necesitaba. ¡Lo habían conseguido; eran los nuevos campeones de Italia!

«¡ESTE ES EL MOMENTO MÁS GRANDE DE MI VIDA!».
MARADONA

Maradona celebró en el césped junto a sus compañeros y a los aficionados. (Sí, para él fue, según parece, un momento incluso más grande que ganar el Mundial con Argentina el año anterior). Antes de su llegada, el Nápoles luchaba por no descender, mientras que solo tres años después, él los había llevado a lo más alto.

Otros tres años más tarde, Maradona lo volvió a lograr. El Nápoles lograba su segundo título de la Serie A. ■

*En la actualidad, Estadio Diego Armando Maradona

¿QUIÉN GANA?

Las estadísticas con sus selecciones se decantan a favor de Pelé, porque ganó tres Copas Mundiales frente a una de Maradona. Sin embargo, el argentino supera al brasileño en lo que se refiere a los logros con sus respectivos clubes por la importancia de su contribución para el Nápoles. Por tanto, eso significa que tenemos un empate. ¡Vaya! ¿No habíamos dicho que no nos quedaríamos a mitad de camino como la FIFA?

DECIDAMOS ENTONCES... ¿QUIÉN ES EL GOAT DE LAS ESTADÍSTICAS?

En este apartado, hemos analizado los récords de goles y de asistencias de Pelé y de Maradona, y lo que cada jugador ha conseguido tanto a nivel individual como con sus equipos. Ahora es el momento de sacar conclusiones y de **votar al GOAT**.

Pero, primero, conozcamos nuestra opinión...

SETH SE DECANTA POR PELÉ

¿Con qué frecuencia entra en razón Matt? Casi tan a menudo como Maradona ganaba trofeos. Es decir, ¡casi nunca! ¿Crees que recibirá una bofetada de humildad al tratarse de Pelé? Vamos a verlo...

Porque, después de leer esta sección, es simplemente imposible afirmar que Maradona es el GOAT de las estadísticas. Quien sostenga algo así, se está engañando.

Empecemos por lo básico. Pelé ganó tres Mundiales. Pelé marcó 1279 goles. ¿Y Maradona?

Sí, es cierto que marcó un gol precioso, pero ¿habría superado al Gol de Placa de Pelé si ese partido se hubiera televisado? Supongo que nunca lo sabremos.

Aunque Maradona ganó de forma espectacular dos ligas y una Copa de la UEFA con el Nápoles, eso no es comparable con la Copa de Europa (la Champions League actual) ni con la Copa Intercontinental.

¿Y el resto de su carrera…? Con el FC Barcelona, tercero y cuarto en la liga. Eso no son las estadísticas de un GOAT. Con el Sevilla, mejor ni hablar…

Las cifras de Pelé son abrumadoras, algo que ocurre cuando juegas como un GOAT durante toda tu carrera (y no solo durante unas pocas temporadas). Además, podrían haber sido aún más impresionantes si el Santos hubiera seguido compitiendo en la Copa Libertadores, o si Pelé hubiera jugado más torneos de la Copa América…

Además, ¡el Rey dio incluso más asistencias en Mundiales que Maradona! Caso cerrado.

MATT SE DECANTA POR MARADONA

Oye, que no te engañen los abultados números de Pelé. Maradona logró cosas igual de asombrosas y en circunstancias mucho más adversas.

Maradona podría haberse quedado en su país como Pelé, y ganar montones de trofeos con Boca Juniors. Pero, en su lugar, decidió probar en las mejores ligas europeas, donde, seamos sinceros, los logros deberían contar el doble o el triple.

Además, con sus clubes y con su selección, Maradona no estuvo rodeado de superestrellas de la talla de Garrincha, Jairzinho o Rivelino. Él convirtió equipos buenos (pero no grandes) en ganadores, gracias a su liderazgo y a su habilidad, algo que solo está a la altura de un GOAT. Por eso, ganó el premio al Jugador del Siglo, con todo merecimiento, hasta que la FIFA le obligó a compartirlo con Pelé.

Pero basta de defender a Maradona. Vayamos al ataque y hablemos de sus muchos ~~logros~~ milagros:

- Marcó el Gol del Siglo contra Inglaterra.
- Repartió ocho asistencias en nueve finales europeas con sus clubes.

- Logró el doblete de la Copa del Rey y la Copa de la Liga de España en 1983.
- Ganó el Mundial con Argentina en 1986.

Y la misión más difícil de todas: convertir al Nápoles en campeón de la liga más dura del mundo… **¡dos veces!**

El fútbol (y las estadísticas) deberían valorar la calidad y no solo la cantidad. Por eso, Maradona será siempre mi GOAT de las estadísticas.

Matt
Tres hurras para Pelé. Marcó goles y ganó títulos con grandes equipos. No como Maradona, que hizo grandes a los equipos.

Seth
Jugó bien cuatro semanas en 1986 y tuvo un par de buenas temporadas en el Nápoles. Nada más.

Matt
Sin Pelé, el equipo de Brasil hubiera ganado igualmente. Argentina o el Nápoles se hubieran hundido sin Maradona.

Seth
Creo que estás subestimando a sus compañeros.

Matt
No, eres tú quien subestima a las estrellas de Brasil.

Seth
Será mejor que te vayas al banquillo. Pareces cansado.

PUNTUACIONES

	PELÉ	MARADONA
RENDIMIENTO	10/10	9/10
LOGROS INDIVIDUALES	10/10	9/10
ESTADÍSTICAS CON SUS EQUIPOS	9/10	8/10
PUNTUACIÓN TOTAL	**29/30**	**26/30**

Esta es nuestra conclusión, tanto si querías oírla como si no. Ahora te toca opinar a ti. En lo que respecta a las estadísticas, ¿quién crees que es el GOAT legendario del fútbol: Pelé o Maradona?

Mi GOAT de las estadísticas es:

....

INCIDENCIA

¿QUÉ ES LA INCIDENCIA?

Se acaba el tiempo y estamos cerca del pitido final. Por tanto, este capítulo final será decisivo para determinar quién es el GOAT legendario del fútbol. Hasta ahora, hemos analizado a fondo el carácter, las habilidades y las estadísticas de Pelé y de Maradona. En esta sección, veremos la incidencia de nuestros GOAT en el deporte rey a través de tres apartados clave:

CLUBES
Analizaremos el impacto que Pelé y Maradona han tenido en los distintos equipos en los que han jugado.

SELECCIÓN
Repasaremos la impronta que han dejado en su selección.

EL FÚTBOL
Y, por último, evaluaremos cómo han cambiado el fútbol en sí mismo.

¿Entendido? Pues... ¡adelante!

Mientras que Pelé se quedó en un solo club la mayor parte de su carrera, Maradona jugó en siete equipos de tres países diferentes. Juntos, levantaron montones de trofeos y marcaron muchísimos goles, pero ¿cuál fue su impacto global en los clubes en los que jugaron?

CLUBES

PELÉ

¿Cómo conviertes a un equipo mediocre de una ciudad no muy grande del estado de San Pablo en el más famoso del mundo? Sencillo. Fichas a Pelé.

Antes del debut de Pelé, el Santos había ganado el Campeonato Paulista solo tres veces en casi medio siglo. Nunca se habían proclamado campeones de la Serie A brasileña. Nunca habían disputado la Copa Libertadores ni la Copa Intercontinental. ¡Ni siquiera habían ganado el Torneo Rio-São Paulo!

Y, entonces, llegó Pelé...

> «Sin duda, Pelé llevó al club a otro nivel. No es que marcara la diferencia. Él era la diferencia».
>
> JUCA KFOURI, ESCRITOR Y PERIODISTA DE FÚTBOL BRASILEÑO

Durante 19 temporadas, el 10 del Santos marcó muchos goles, logró incontables victorias y se ganó el corazón de los aficionados de todo el mundo. Llegó a ser tan importante para el Santos que Brasil lo declaró tesoro nacional.

ANTES Y AHORA
En la actualidad, los jugadores cambian de club con frecuencia. Sin embargo, en la época de Pelé, los clubes tenían la última palabra. En la década de 1960, el Santos rechazó cuantiosas ofertas por Pelé de la Juventus, del Inter de Milán y del Real Madrid. Desesperado por mantener a Pelé en el país, el gobierno brasileño lo declaró tesoro nacional para que tuviera que quedarse al menos diez años. Pero no parece que eso le molestara a Pelé: «Yo estaba muy feliz en mi equipo, el Santos. No sentía el deseo de ir a jugar fuera de mi país», afirmó.

Pelé ganó muchos títulos con el Santos. Pero el Santos hizo mucho más que ganar: introdujeron un estilo de juego nuevo y precioso que dejó asombrados a los espectadores. De repente, todo el mundo quería ver jugar a *Os Santásticos*. Clubes de todo el planeta ofrecieron enormes primas por un partido de exhibición. La única condición: que el Santos llevara a Pelé.

¡Trato hecho! Los directivos del Santos aceptaron. Por lo tanto, cuando el Santos finalizó la Copa Libertadores, emprendió la aventura. «En un período de 18 meses, hicimos giras por Sudamérica, el Caribe, Norteamérica, Europa, Asia y Australia. Casi todo el mundo», explicó Pelé. También podemos añadir África a esa lista.

Las giras del Santos fueron un éxito rotundo. Unas 110 000 personas abarrotaron el Giuseppe Meazza para ver al Santos vencer al Inter de Milán por 1-4. El Olympiakós cambió el himno del club para incluir una referencia al Santos. Se pusieron nombres de bebés en honor a Pelé. ¡Incluso se decretó un alto el fuego en la guerra civil de Nigeria para permitir que el Santos jugara en el país!

Gracias a la contribución de Pelé, el Santos pasó de ser un desconocido en el fútbol internacional a convertirse en una celebridad futbolística.

MARADONA

Maradona ya deslumbró desde su primer túnel con Argentinos Juniors, donde dejó tal huella que llegaron a poner su nombre al estadio. Pronto, pasó a su segundo club: Boca Juniors. Tras lograr el primer título de liga de Boca en cuatro años, el FC Barcelona pagó la cifra récord de 7,3 millones de euros por el fichaje de la estrella argentina. ¿Era la hora de cambiar la suerte de un tercer club de forma consecutiva?

El FC Barcelona estaba convencido de que la respuesta sería afirmativa, pero Maradona sufrió contratiempos y lesiones en España. Aunque ganó la Copa del Rey, la Copa de la Liga y la Supercopa de España, quedar tercero y cuarto en dos temporadas consecutivas de la liga no era lo esperado.

¿Fracaso? No nos precipitemos: tras dejar el FC Barcelona, Maradona fichó por el Nápoles…

«Cuando llegué a Nápoles, vi que la mentalidad del equipo era la de evitar el descenso».
MARADONA

Y con razón. El Nápoles acababa de salvarse del descenso por un solo punto. Nunca habían ganado la liga. En la primera temporada de Maradona, parecía que iban a sufrir otra decepción: solo habían ganado dos de los primeros 13 partidos, por lo que el equipo estaba peligrosamente cerca del descenso. ¡Era el momento de la magia de Maradona!

Gracias a sus goles y a sus asistencias, el Nápoles remontó hasta la octava plaza. Y no se detuvieron ahí. La temporada siguiente, el nuevo entrenador Ottavio Bianchi declaró: «A Maradona hay que dejarlo expresarse». Con Diego liberado de las tareas defensivas, el Nápoles subió hasta el tercer puesto.

«Hubo un cambio de mentalidad gracias al Diego», aseguró Ciro Ferrara, su compañero de filas. «No era suficiente con vencer a la Juventus o al Inter. Había que derrotarlos a todos».

En la tercera temporada de Maradona, lo consiguieron. Por primera vez en su historia, el Nápoles se proclamó campeón de la Serie A italiana. ¡Tremendo!

Sin embargo, Maradona no se conformó con un solo título. Durante los siete años que jugó con el Nápoles, ganó un segundo *scudetto*, la Copa de Italia, la Supercopa italiana e incluso la Copa de la UEFA. Los desahuciados se convirtieron en los invencibles.

«Me fue tan bien en el Nápoles porque les di cosas que no tenían», reconoció un jubiloso Maradona. «Les di regates, goles y títulos, pero también algo más importante: orgullo».

Maradona cambió al Nápoles para siempre. Toda la ciudad lo adoraba, e incluso el club decidió cambiar el nombre del Estadio San Paolo por Estadio Diego Armando Maradona tras la muerte del astro argentino.

¿QUIÉN GANA?

Pelé convirtió a un club de categoría media en el más grande del mundo durante muchos años. Aunque Maradona nunca logró eso con ninguno de sus equipos, su milagro en el Nápoles es una de las mayores contribuciones de un jugador a un club en la historia del fútbol. ¿Qué crees que es más importante para tu GOAT: un éxito sostenido a lo largo de los años o triunfos contra todo pronóstico?

SELECCIÓN

A nivel internacional, nuestros GOAT campeones del mundo son realmente colosales. Pero ¿por qué Pelé y Maradona despiertan tanto cariño en sus países?

PELÉ

Brasil no siempre fue una potencia futbolística. Antes del debut de Pelé, la selección brasileña había disputado cinco Mundiales… y no había ganado ninguno. De sus 21 partidos en la Copa Mundial, logró 13 victorias, tres empates y cinco derrotas, entre la que se encuentra la dolorosa derrota ante Uruguay en la final de 1950.

Aunque parezca increíble y sea muy vergonzoso, el racismo campaba a sus anchas en Brasil en aquella época, y la prensa culpó de aquella derrota a tres jugadores negros. Además, en 1954, un dirigente brasileño llegó a decir que Brasil nunca ganaría un Mundial si en la selección había futbolistas negros.

Poco después, en 1958, un adolescente negro llamado Pelé demostró que los racistas estaban equivocados y arrasó en el mundo. El 10 de Brasil marcó goles, hizo asistencias y dejó a los rivales boquiabiertos.

Para cuando Pelé disputó su último partido con Brasil en 1971, su país se había convertido en la mejor selección futbolística del mundo, con tres Mundiales de cuatro disputados.

> **«¡El fútbol y Brasil han elevado su estatus gracias al Rey!».**
>
> **NEYMAR JR., FUTBOLISTA BRASILEÑO**

Entonces, ¿qué tan importante fue Pelé para Brasil?

QUÉ DICEN SUS CRÍTICOS

«El equipo de Brasil era tan bueno que podrían haber ganado la Copa Mundial incluso sin Pelé».

¡ERROR!

Es cierto que, en 1970, Brasil tenía uno de los mejores equipos de todos los tiempos, repleto de estrellas como Jairzinho, Rivelino y Tostão, pero también es verdad que Pelé fue la joya de la corona. Con él en el equipo, Brasil arrasaba. ¿Y sin él? En la Copa Mundial 1966, el cuerpo técnico brasileño, confiado en pasar de grupo, reservó a un Pelé lesionado para el partido contra Hungría. Sin Pelé, Brasil perdió 3-1, ¡su primera derrota mundialista en doce años!

Además, tras la retirada de Pelé, el prodigioso ataque de Brasil se esfumó, y el equipo pareció olvidar cómo marcar. En su primer Mundial sin Pelé, solo marcaron en tres de sus siete partidos, y fueron eliminados en la segunda fase.

Por tanto, todo indica que Pelé fue vital para Brasil. Y no solo por sus habilidades futbolísticas. Para millones de brasileños, Pelé fue un símbolo de esperanza. Este tesoro nacional unió a ricos y a pobres, a viejos y a jóvenes, y a personas de todas las etnias y culturas del país. Mostró que cualquiera podía triunfar independientemente de su origen, y ayudó a desterrar muchas actitudes racistas.

«Logró que los brasileños se quisieran de nuevo».

JUCA KFOURI, ESCRITOR Y PERIODISTA DE FÚTBOL BRASILEÑO

MARADONA

QUÉ DICEN SUS CRÍTICOS

«¡Maradona no puede ser el GOAT! Ni siquiera es el jugador más importante de Argentina».

¡ERROR!

Aunque tanto Maradona como otro candidato a GOAT, Lionel Messi, han llevado a Argentina a dos finales de la Copa Mundial y han conseguido un título cada uno, no hay duda de a quién prefieren muchos argentinos.

«Messi es un póster, Maradona es una bandera».

HUGO ASCH, PERIODISTA ARGENTINO

Mientras Messi se marchó a FC Barcelona con trece años de edad, Maradona creció en circunstancias difíciles en Argentina y se abrió camino hasta la cima. Con una pasión por su país siempre muy manifiesta, Maradona era argentino hasta la médula.

Si Messi es querido, Maradona es adorado. En Argentina, incluso surgió una religión: la Iglesia Maradoniana. «Nunca olvidaremos los milagros que hizo en el campo ni el espíritu que despertó en nosotros», dijo Alejandro Verón, uno de sus más de 100 000 devotos seguidores. ¿Cuáles fueron esos milagros?

Ante todo, su actuación decisiva (con la Mano de Dios y el Gol del Siglo) contra Inglaterra en 1986. Esa victoria fue aún más dulce por la rivalidad con Inglaterra, que arrancó con la disputa en la Copa Mundial 1966 y se intensificó tras la Guerra de las Malvinas en 1982.

El Mundial de 1986, con cinco goles, cinco asistencias y una Bota de Oro, fue brillante.

Y su empuje en 1990 fue decisivo para que una Argentina sin grandes fortalezas alcanzara otra final mundialista.

Además, fuera del campo, como si fuera un santo moderno, la predisposición de Maradona para defender y ayudar a los pobres y a los más desfavorecidos de Argentina y de todo el mundo contribuyó a incrementar su misticismo.

Aunque no siempre dio el mejor ejemplo en algunas facetas de la vida, los aficionados nunca olvidarían su generosidad, su compromiso social y su apasionado carácter.

> «Sí, Maradona cometió errores. ¿Acaso no los cometemos todos? Los escándalos solo hicieron que los fans adoraran más a Maradona».
>
> LORENZO TONDO, PERIODISTA ARGENTINO

¿QUIÉN GANA?

Pelé es amado y respetado por todos los brasileños, pero la pasión que despierta Maradona en Argentina está en otro nivel, por lo que esta mano (de Dios) es para Diego.

EL FÚTBOL

El fútbol sin Pelé y sin Maradona sería un deporte muy distinto. Estas dos leyendas embellecieron el juego con sus destacadas habilidades. A lo largo de los años, han inspirado a multitud de superestrellas. Pero ¿cuál ha sido exactamente su legado?

PELÉ

EL JUEGO BONITO

Pelé creía que el fútbol debía ser un juego elegante. El Rey jugaba con una sonrisa en el rostro y con magia en las botas. Destacó por su brillantez individual: los disparos desde su propio campo, las fintas en el cuerpo a cuerpo, las chilenas y los túneles. Pero también ofrecía un juego colectivo increíble.

«El Santos era conocido como el mejor equipo del mundo… Todo lo que hacíamos se copiaba, y eso beneficiaba al espectáculo del fútbol», dijo Pelé. Gracias a él, más equipos de todo el mundo empezaron a jugar un fútbol más bonito. Menos pases largos, pero mayor cantidad de pases; menos «dar patadas y esperar» y más dinamismo; menos rutina y más magia.

En Brasil lo llaman *o jogo bonito*, **el juego bonito**.

EL MAYOR ESPECTÁCULO DEL MUNDO

Pelé no solo embelleció el fútbol, sino que también contribuyó a convertirlo en el megadeporte que es hoy en día. Con sus largas giras con el Santos y sus hazañas con la selección, los aficionados de todo el mundo se enamoraron del fútbol.

Cuando fichó por el New York Cosmos con treinta y cuatro años de edad, Pelé mostró a Estados Unidos lo que era el fútbol de verdad. Los seguidores recibieron su llegada con tal entusiasmo que 20 000 personas fueron a recibirle al aeropuerto. Aunque Pelé estaba cerca del final de su carrera, la asistencia a los partidos del Cosmos se triplicó. El presidente Jimmy Carter dijo: «Pelé ha elevado el fútbol en Estados Unidos a cotas nunca antes alcanzadas. Solo Pelé podía lograr algo así».

E incluso después de retirarse, Pelé siguió impulsando la visibilidad del fútbol como embajador de la FIFA. «El fútbol ha sido mi trabajo durante más de veinte años. Ahora, es el momento de utilizar de forma positiva la fama que coseché», afirmó.

UN ICONO GLOBAL

El mismo Pelé, con tono jocoso, dijo en una ocasión que solo había tres marcas que fueran verdaderamente internacionales: Jesús, Coca-Cola y Pelé. No estaba del todo equivocado. Gracias a su carácter respetuoso, a sus viajes por el mundo y a sus goles, Pelé era querido allá donde iba. Incluso muchas personas sin un especial interés por el fútbol lo conocían.

«En lugar de quince minutos de fama,
Pelé tendrá quince siglos».

ANDY WARHOL, ARTISTA PLÁSTICO Y ACTOR ESTADOUNIDENSE

MARADONA

UN AGENTE ARGENTINO PARA UN FUTBOLISTA MEDIÁTICO

En la actualidad, casi todos los futbolistas, incluso los semiprofesionales, cuentan con agentes que negocian sus contratos y sus acuerdos comerciales. Sin embargo, en la década de 1960, eso era algo casi inaudito. Cuando Maradona contrató a Jorge Cyterszpiler como representante, se fraguó un plan ambicioso: con la ayuda de su agente, Maradona crearía la primera empresa dedicada a promocionar la imagen de un futbolista: «el Diego».

Maradona era un adelantado a su tiempo. Cyterszpiler era un pionero y un innovador. Juntos, parecían venir del futuro. La década de 1970 comenzó con el primer Mundial emitido en color; la televisión ganaba terreno.

Entre los dos tuvieron la idea de aprovechar el poder incipiente de la tele...

Cyterszpiler gestionó los traspasos de Maradona a Boca y al FC Barcelona, pero también fundó Maradona Productions: la primera productora que representaba a un futbolista. Cyterszpiler invirtió más de un millón de dólares en un equipo de cámaras para filmar a Maradona. Pronto, comprendieron que los aficionados no solo querían al futbolista Maradona; ansiaban conocer a Diego, la persona. Así, produjeron miles de horas de contenido... todo sobre Maradona.

Diego rodó anuncios, avaló productos e incluso creó su propia línea de muñecos. En una época en la que la mayoría de las empresas trataban a los futbolistas como mano de obra barata, Maradona reescribió las reglas al ganar millones con su propia imagen. A partir de ahí, vendrían traspasos récords, la ampliación de patrocinios y ventas millonarias de derechos de televisión.

ENTRENAR ~~DURO~~ CON CABEZA

Maradona fue también de los primeros futbolistas en contratar a su propio preparador físico. Al fichar por el FC Barcelona, sabía que tenía habilidades técnicas superiores a las del resto de sus compañeros, pero también era consciente de que el fútbol español era más exigente físicamente que el argentino. «O me adaptaba a este estilo de juego o me marchaba», dijo. «Así que me puse fuerte». Para ello, no recurrió al preparador estándar del club, sino que contrató al suyo: Fernando Signorini.

Con Signorini, empezó a entrenar de forma más inteligente. El entrenador empleó técnicas poco conocidas en aquella época:

- Antes del Mundial de 1986, Maradona se entrenó en altitud. Cuando llegó a México, estaba en su mejor forma física.
- Practicaba los lanzamientos de falta en su casa con una barrera metálica que hacía las veces de muro defensivo. No es de extrañar que se volviera tan letal a balón parado.
- También entrenó la mente leyendo libros de literatura y política.

Todo esto puede parecer habitual en la actualidad, pero, en aquella época, era muy novedoso. Maradona fue, sin duda, un innovador.

COMO CONCLUSIÓN, ¿QUIÉN ES EL GOAT CON MÁS INCIDENCIA?

¡Un momento! Antes de tomar nuestra decisión final, queremos destacar algunos momentos en los que Pelé y Maradona lograron que el mundo se detuviera y se quedara asombrado…

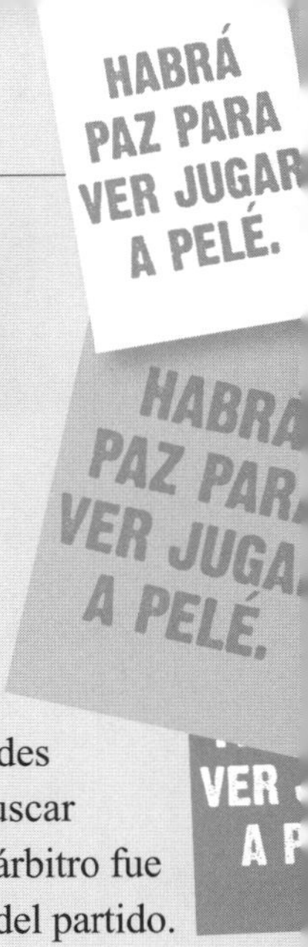

EL PODER DE PELÉ

Pelé era mucho más que un gran jugador: podía detener guerras civiles, expulsar árbitros y llenar estadios.

En 1968, Nigeria estaba inmersa en una brutal guerra civil. Cuando se supo que el Santos de Pelé jugaría en el país, las dos partes en conflicto acordaron un alto el fuego de 48 horas para que todo el mundo pudiera ver a Pelé y al Santos enfrentarse al Stationary Stores FC nigeriano. En sus memorias, Pelé contó que sus compañeros vieron carteles por toda la ciudad que decían: «Habrá paz para ver jugar a Pelé».

Ese mismo año, Pelé fue expulsado en un partido de exhibición en Colombia tras discutir una decisión arbitral. Mientras se dirigía al vestuario cabizbajo, la multitud enfureció y exigió que Pelé volviera al campo y que expulsaran al árbitro. Las autoridades accedieron: fueron a buscar a Pelé al vestuario y el árbitro fue sustituido para el resto del partido.

Cuando Pelé anunció su retirada, el último partido de su carrera se convirtió en la entrada más codiciada de la ciudad. Los aficionados no querían perderse la última vez que su ídolo iba a jugar. El Giants Stadium de Nueva York se llenó para el encuentro de exhibición entre el New York Cosmos y el Santos. Pelé jugaría la primera parte con el Cosmos y la segunda con el Santos.

Tras marcar un tanto con el Cosmos, el público enloqueció. Hacia el final del partido, con Pelé ya en las filas del Santos, se abrió el cielo y comenzó a llover. Al día siguiente, un diario brasileño tituló: «Incluso el cielo estaba llorando». ■

EL MUNDO ENTERO DERRAMA UNA LÁGRIMA

Cuando Maradona se retiró del fútbol, el deporte rey perdió a uno de sus mejores jugadores. Maradona, por su parte, perdió la disciplina física necesaria para un futbolista y su salud se resintió.

Sin entrenamientos ni partidos, la forma física de Maradona se deterioró enseguida, lo que le provocó hipertensión y problemas cardíacos.

Con cada ingreso de Diego en el hospital, Argentina contenía la respiración. Y, entonces, el 25 de noviembre de 2020, llegó la noticia que todos temían. Maradona había fallecido.

Argentina lloró. Su ídolo se había ido. El hombre que había nacido con casi nada y que había conquistado el corazón del mundo con su talento y con su carisma. El hombre que nunca olvidó sus orígenes, que defendió a los pobres y a los más desfavorecidos durante toda su vida. El hombre con la mano de Dios y los pies de oro.

Argentina decretó tres días de duelo nacional. La ciudad de Nápoles también organizó un día de luto. El Nápoles anunció que le cambiaría el nombre a su estadio en honor a Maradona. Y, en Buenos Aires, decenas de miles de personas se congregaron para despedir el féretro.

Maradona continuó siendo venerado. En la camiseta colocada sobre su ataúd, se leía «D10S». Una D, un diez y una S formaban la palabra «DIOS». Así era como lo veía el mundo.

«Jugadores como Ronaldo o Messi ni siquiera podrían soñar con despertar este tipo de admiración», afirmó Ossie Ardiles, excompañero de Diego.

Y, poco más de dos años después, el 29 de diciembre de 2022, Pelé siguió a Maradona. El Rey falleció a los 82 años de edad, tras padecer un cáncer.

«Algún día, espero, jugaremos un partidillo juntos en el cielo», había dicho Pelé tras la muerte de Maradona. Ojalá sea así. ■

Entonces, ¿quién es el GOAT de la incidencia?

SETH SE DECANTA POR PELÉ

Sin Pelé, Maradona no habría existido. Sin Pelé cambiando el juego del fútbol, talentos técnicos como Maradona quizá nunca habrían llegado a la cima.

Maradona jugó un fútbol bonito, pero fue Pelé quien le enseñó al mundo cómo jugar al fútbol bonito. Gracias al ejemplo de Pelé, innumerables equipos decidieron abandonar sus viejas tácticas e incorporar la belleza a su juego. Pelé también inspiró a millones de futuros futbolistas y les facilitó el camino a los jugadores brasileños negros. Los jóvenes crecieron viendo a Pelé, adorándolo e intentando emular sus habilidades.

Sin duda, Maradona es un gran jugador. Lo admito. Pero este es un libro sobre el GOAT. ¿Qué es lo que ha aportado Maradona que Pelé no lo haya aportado antes? ¿Qué ha hecho Maradona que Pelé no haya hecho?

- ¿Ganó el primer título de liga del Nápoles? Pelé también hizo que el Santos consiguiera su primer título de liga. Y el segundo, el tercero, el cuarto, el quinto y el sexto.
- ¿Ganó una Copa del Mundo? Pelé ganó tres.

- ¿Permitió a los futbolistas vender su imagen por mucho dinero? Vale, en eso le supera a Pelé. ¿Pero acaso se trata de algo que haya contribuido a mejorar el fútbol?

Sin duda, Pelé fue decisivo: transformó su club, su selección y el fútbol en sí mismo.

MATT SE DECANTA POR MARADONA

Pelé pudo haber sido un innovador, pero ¿fue el mejor? No. Lo fue Maradona. En una época en la que las grandes estrellas del fútbol aún no eran celebridades mundiales, surgió un prodigio llamado Maradona, bendecido con unas habilidades muy especiales, además de toneladas de pasión y de personalidad. ¡Menudo triplete de cualidades!

Ningún futbolista antes ni después ha sido tan querido como Maradona. Argentinos Juniors y el Nápoles han rebautizado sus estadios en su honor; Argentina cuenta con el Estadio Único Diego Armando Maradona en la ciudad de La Plata; e incluso se disputó, durante un tiempo, la Copa Diego Armando Maradona.

¿Y por qué tanto cariño por parte de los clubes y de su país? Además de por su particular estilo y por su espíritu solidario y comprometido con la sociedad, sobre todo por las cosas increíbles que logró en el terreno de juego: convertir a Argentinos Juniors en aspirante al título, ganar dos ligas italianas con el «pequeño» Nápoles y llevar a Argentina al título mundial en 1986. Y, luego, a otra final en 1990. ¡Y aún hay más! Maradona les facilitó el camino a otros futbolistas pequeños y habilidosos como él. Además, fue pionero fuera del campo al ser el primer jugador en tener su propio agente, un preparador físico, un responsable de prensa y una productora mediática.

Sí, este GOAT estaba adelantado a su tiempo y también contribuyó a que el juego evolucionara hasta alcanzar cotas hasta entonces impensadas. Sin duda, impulsó al fútbol hacia un futuro emocionante.

Seth
¿Un futuro emocionante repleto de trampas?

Matt
¡Uf! ¿Aún estás dándole vueltas a la Mano de Dios? ¡Supéralo! Eso fue hace 40 años.

Seth
Claro, ¡como tu primer cumpleaños!

Matt
Oye, ni de lejos tengo esa edad.

PUNTUACIONES

	PELÉ	MARADONA
INCIDENCIA EN SUS CLUBES	9/10	9/10
INCIDENCIA EN SUS SELECCIONES	9/10	10/10
INCIDENCIA EN EL FÚTBOL	9/10	9/10
PUNTUACIÓN TOTAL	**27/30**	**28/30**

Este es nuestro veredicto, pero, ahora, ¡es tu turno! ¿Quién crees que es el GOAT de la incidencia?

Mi GOAT de la incidencia es:

....

PRÓRROGA

El reloj pasa de los 90 minutos y todas las miradas apuntan al cuarto árbitro. Es el momento que todo el mundo ha estado esperando. Se acerca al lateral del campo, levanta un panel electrónico y la grada contiene la respiración. Sí, ¡está confirmado! Habrá 14 páginas de contenido adicional.

CARÁCTER

Pelé	Maradona
Era un modelo a seguir.	Era un rebelde.
Tuvo que abandonar lesionado la Copa Mundial 1966, pero se repuso para ganar la siguiente edición.	Se sobrepuso una y otra vez a todas las adversidades y dificultades fuera y dentro del campo.
Aunque nunca fue capitán, siempre contó con el respeto de los que le rodeaban.	Fue un líder apasionado y muy querido, que llevó a sus equipos a cotas inimaginables.

HABILIDADES

Pelé	Maradona
Era un atleta completo con una fuerza y una potencia increíbles.	Se movía y regateaba entre los defensas divirtiéndose, incluso cuando le entraban con rudeza.
Sus disparos eran sensacionales y sus regates, deslumbrantes.	Era un regateador endiablado con una visión de juego fantástica.
Fue capaz de idear formas asombrosas de jugar al fútbol.	Fue un gran líder que controlaba los partidos haciendo aquello que su equipo necesitaba de él.

Es el tiempo justo para repasar todo aquello sobre lo que hasta ahora hemos debatido y sobre lo que (casi con total seguridad) no estaremos de acuerdo. Hemos expuesto nuestros argumentos. Los hemos defendido a capa y espada. Y, pese a todo, ¡seguimos siendo amigos! Resumamos los puntos más importantes…

ESTADÍSTICAS

Pelé	**Maradona**
¡Goles, goles y más goles! Se convirtió en el primer jugador en marcar más de mil tantos.	Marcó menos goles, pero su repercusión en los partidos más decisivos fue inconmensurable.
Fue el Jugador del Siglo según la FIFA.	Fue el Jugador del Siglo según la FIFA.
Ganó tres Copas Mundiales.	Ganó una Copa Mundial.

INCIDENCIA

Pelé	**Maradona**
Convirtió al Santos en el club más grande del mundo.	Fue tan importante para el Nápoles que le pusieron su nombre al estadio.
Fue el mejor jugador del mejor equipo de la historia de Brasil.	Fue tan adorado en Argentina que llegó a tener su propia religión de culto y devoción: la Iglesia Maradoniana.
Convirtió el fútbol en *o jogo bonito* (el juego bonito).	Cambió la manera en que los futbolistas se entrenan y obtienen ingresos.

NUESTRAS PUNTUACIONES

	CATEGORÍA	PELÉ	MARADONA
CARÁCTER	PERSONALIDAD	10/10	8/10
	MENTALIDAD	10/10	9/10
	LIDERAZGO	8/10	10/10
HABILIDADES	FÍSICAS	10/10	8/10
	TÉCNICAS	10/10	10/10
	TÁCTICAS	8/10	10/10
ESTADÍSTICAS	RENDIMIENTO	10/10	9/10
	PREMIOS INDIVIDUALES	10/10	9/10
	TROFEOS DE EQUIPO	9/10	8/10
INCIDENCIA	CLUBES	9/10	9/10
	SELECCIÓN	9/10	10/10
	FÚTBOL	9/10	9/10
	PUNTUACIÓN TOTAL	**112/120**	**109/120**

Ahora bien, es importante recordar que todo lo que hemos planteado se basa en nuestras opiniones. Aunque creemos que tenemos razón, todos sabemos que el verdadero poder lo tienes tú: el lector.

Matt
Menos mal que tienen más poder que tú.

Seth
Sí, pero también tienen más poder que tú.

Matt
Son inteligentes. Saben que yo tengo razón.

Seth
No necesito halagarlos. Los argumentos son cristalinos.

Matt
¡Tan cristalinos como tu mirada!

Seth
¿Qué rayos significa eso?

Antes de que decidas quién es tu GOAT legendario, tenemos más material para que lo evalúes tú mismo:

1. Los cinco momentos estelares de cada GOAT*
2. Las opiniones de otras leyendas del deporte en el apartado «El mundo del fútbol se posiciona…».

* ¡En nuestra opinión!

MOMENTOS ESTELARES DE PELÉ

«EL CHICO TIENE QUE JUGAR»

UNIÓN SOVIÉTICA 0 | 2 BRASIL

15 DE JUNIO DE 1958
ESTADIO ULLEVI, GOTEMBURGO

Tras un mal inicio en el Mundial, los jugadores veteranos de Brasil le dijeron al seleccionador que Pelé tenía que jugar. Al final, el joven tuvo su oportunidad y dio una asistencia en su debut en el torneo. ■

EN LA CIMA DEL MUNDO

BENFICA 2 | 5 SANTOS

11 DE OCTUBRE DE 1962
ESTÁDIO DA LUZ, LISBOA

Tanto en el partido de ida como en el de vuelta, Pelé no solo demostró que el Santos era el mejor equipo del mundo, sino que él también era el mejor jugador del mundo. Marcó seis goles y dio una asistencia, lo que contribuyó de forma notoria a que el Santos se impusiera 4-8 en el global. ■

PELÉ, EL HOMBRE DE LA PAZ

STATIONERY STORES FC 2 | 2 SANTOS

4 DE FEBRERO DE 1969
ESTADIO ONIKAN, LAGOS

Cuenta la leyenda que Pelé detuvo una guerra civil en Nigeria. De lo que nadie duda es que los dos bandos acordaron un alto el fuego de 48 horas para verle jugar. Además, marcó dos tantos. ■

LOS MIL DEL MEJOR

VASCO DE GAMA 1 | 2 SANTOS

19 DE NOVIEMBRE DE 1969
ESTADIO DE MARACANÁ,
RÍO DE JANEIRO

Pelé marcó desde el punto de penalti y consiguió su gol número mil, lo que desató una euforia incontrolable. Mientras la gente vitoreaba a Pelé, este dedicó el gol a todos los niños del mundo. ¡Menuda leyenda! ■

A LA TERCERA VA LA VENCIDA

BRASIL 4 | 1 ITALIA

21 DE JUNIO DE 1970
ESTADIO AZTECA, CIUDAD DE MÉXICO

Pelé consiguió su tercer título mundial a lo grande: un gol, dos asistencias y una actuación fantástica. Nadie desde entonces ha ganado tres Copas Mundiales. ■

MOMENTOS ESTELARES DE MARADONA

EL JOVEN AS DE ARGENTINA

ARGENTINA 3 | 1 UNIÓN SOVIÉTICA

7 DE SEPTIEMBRE DE 1979
ESTADIO OLÍMPICO DE TOKIO

Maradona capitaneó a la selección argentina hacia la gloria en la Copa Mundial sub-20, e incluso marcó un tiro libre en la final. ■

UNA LECCIÓN MAGISTRAL EN MÉXICO

COPA MUNDIAL 1986 (¡COMPLETA!)

MAYO-JUNIO DE 1986, MÉXICO

De los 14 goles de Argentina en el Mundial de 1986, Maradona marcó cinco y participó en otros cinco con grandes asistencias a sus compañeros, incluido el tanto ganador en la final contra Alemania Occidental. ¡También recibió el Balón de Oro! ■

MISIÓN IMPOSIBLE EN ITALIA (COMPLETADA)

NÁPOLES 1 | 1 FIORENTINA

10 DE MAYO DE 1987
ESTADIO SAN PAOLO, NÁPOLES

Cuando Maradona llegó a Italia en 1984, el Nápoles era un club que luchaba por evitar el descenso. Sin embargo, solo tres temporadas después, sorprendieron a los poderosos equipos de la Serie A italiana al ganar el *scudetto* por primera vez en su historia. ■

EXCELENCIA EUROPEA

FINAL DE LA COPA DE LA UEFA

3 DE MAYO DE 1989 • NÁPOLES
17 DE MAYO DE 1989 • STUTTGART

Dos grandes partidos, dos nuevas clases magistrales de Maradona. En la victoria del Nápoles en la final de la Copa de la UEFA contra el Stuttgart, Maradona marcó un gol y dio tres asistencias, entre las que se encuentra ¡una de las mejores asistencias de cabeza que existen! ■

UN PENALTI BAJO PRESIÓN

ARGENTINA 1 | 1 ITALIA (4 | 3 EN LOS PENALTIS)

3 DE JULIO DE 1990
ESTADIO SAN PAOLO, NÁPOLES

En la semifinal del Mundial, Argentina se enfrentó a Italia en el estadio del querido Nápoles de Maradona. Cuando el partido debía decidirse en la tanda de penaltis, apareció Maradona para marcar y llevar a Argentina a otra final. ■

EL MUNDO DEL FÚTBOL SE POSICIONA...

Para ayudarte a tomar la decisión final, pensamos que te sería útil conocer la opinión de algunos futbolistas y entrenadores famosos.

EQUIPO PELÉ

«El mejor jugador que he visto en mi vida es Pelé».

CÉSAR LUIS MENOTTI, EXENTRENADOR DE MARADONA

«A veces, siento como si el fútbol hubiera sido inventado para este jugador mágico».

SIR ROBERT CHARLTON, LEYENDA DEL FÚTBOL INGLÉS

«Pelé fue el jugador más completo que he visto».

BOBBY MOORE, DEFENSA INGLÉS Y UNO DE LOS MEJORES CAPITANES DE LA HISTORIA

«Pelé fue el único futbolista que superó los límites de la lógica».

JOHAN CRUYFF, LEYENDA DEL FÚTBOL NEERLANDÉS

«¿El mejor jugador de todos? Pelé. Messi y Cristiano Ronaldo son jugadores con cualidades específicas, pero Pelé era mejor».

ALFREDO DI STÉFANO, SUPERESTRELLA DEL REAL MADRID

«Si sumas las cualidades de Cristiano Ronaldo a las de Lionel Messi, entonces obtienes un jugador con el que comparar a Pelé».

TOSTÃO, COMPAÑERO DE PELÉ EN LA SELECCIÓN BRASILEÑA

EQUIPO MARADONA

«Maradona ha sido, sin duda, el mejor jugador; mejor que Pelé».

GARY LINEKER, DEFENSA INGLÉS (SE ENFRENTÓ A MARADONA EN LA COPA MUNDIAL 1986)

«Lo que le he visto hacer a Maradona no creo que nadie más en la historia del fútbol lo haya logrado».

RYAN GIGGS, LEYENDA DEL MANCHESTER UNITED

«Messi está en la cima, pero Maradona es de otro mundo».

FABIO CANNAVARO, GRAN DEFENSA ITALIANO

«El Diego tenía más talento incluso que Pelé... Si buscara a un jugador para un solo partido, elegiría al Diego».

OSSIE ARDILES, COMPAÑERO DE MARADONA EN LA SELECCIÓN ARGENTINA

«Pelé tenía casi todo. Maradona lo tiene todo. Trabaja más, hace más y es más hábil».

SIR ALFRED ERNEST RAMSEY, ENTRENADOR DE LA SELECCIÓN INGLESA QUE GANÓ LA COPA MUNDIAL 1966

«Con el tiempo, se reconocerá que Maradona significó para el fútbol lo que Mozart para la música».

ÉRIC CANTONA, ICONO DEL MANCHESTER UNITED EN LA DÉCADA DE 1990

EN PALABRAS DE OTROS GOAT...

«Todo lo que puedas imaginar que un jugador es capaz de hacer, Pelé ya lo hizo antes».

ERLING HAALAND

«El Rey del fútbol... su legado nunca será olvidado».

MBAPPÉ sobre PELÉ

«El mejor de todos los tiempos».

LIONEL MESSI sobre MARADONA

«Pelé es el mejor jugador de la historia del fútbol».

CRISTIANO RONALDO

EN SUS PROPIAS PALABRAS...

«Maradona es Maradona. Pelé fue el más grande. Yo solo soy un jugador normal».

MARADONA

«Cuando nos conocimos, bromeábamos sobre quién era el mejor. Él [Maradona] solía comentarme: "Dicen que soy mejor que tú". Y yo le respondía: "Quizá seas mejor, pero yo puedo marcar con la derecha, con la zurda y de cabeza, y tú no"».

PELÉ

¡Piiii! Eso es todo, amigos; ha sonado el pitido final. Hemos hecho todo lo posible para ofrecerte cuanto necesitas saber sobre nuestros GOAT y su…

- Carácter
- Habilidades
- Estadísticas
- Incidencia

Ahora, ¡tú decides! ¿Quién crees que es el GOAT legendario del fútbol? ¿Pelé o Maradona? Tanto si eliges a uno o a otro, es importante no olvidar que ambos son jugadores increíbles. ¡Suerte!

Mi GOAT legendario del fútbol es:

……………………………………

Matt Oldfield creció en Southampton, donde jugaba al fútbol con su hermano Tom. Los dos hermanos son los autores de la exitosa serie *Supercracks del fútbol*, unas divertidas biografías futbolísticas que cuentan las emocionantes vidas de las superestrellas desde el patio de la escuela hasta el campo de fútbol profesional. También es autor de *Johnny Ball: Accidental Football Genius* y *Unbelievable Football*, que ganó el *Telegraph* Children's Sports Book of the Year en 2020. Además, ha escrito libros sobre críquet y rugby. Vive en Bristol.

Seth Burkett es un exfutbolista profesional y jugador de fútbol sala. Tras haber jugado profesionalmente en Brasil con el Sorriso EC y en Sri Lanka, Seth ahora dedica su tiempo a escribir y a dar charlas en colegios. Es coautor de *Play Like Your Football Heroes* con Matt Oldfield. Vive en Twyford.